Perle Besserman

Zen oder die Kunst, das Leben zu meistern

HERDER / SPEKTRUM

Band 4657

Das Buch

Perle Besserman, eine in der Praxis des Zen erfahrene und für ihre Schriften mehrfach ausgezeichnete spirituelle Autorin, erzählt Geschichten, Schicksale, Wege einzelner. Ganz konkret und lebendig schildert sie, wie Menschen ihre Lebensfragen und -probleme mit Hilfe des Zen gemeistert haben. Das ist „Zen zum Anfassen" im Alltag: Zen praktiziert und umgesetzt in unserer eigenen Lebenswirklichkeit. In diesen ihren Geschichten werden verschiedene menschliche Konfliktsituationen lebendig, in denen die Betroffenen scheinbar feststecken. Und im Annehmen und Loslassen tun sich dann überraschende Lösungsmöglichkeiten auf. Das ist die Wirkung einer Zen-Haltung: Man kommt wieder in den Fluß und kann einen Schritt weitergehen. So sind diese Geschichten auch „Koans aus dem wirklichen Leben". Sie helfen, Probleme in unseren persönlichen Beziehungen zu lösen, unser Arbeitsleben zu bereichern und neue Dimensionen körperlichen und seelischen Wohlbefindens zu entdecken. Anschaulich flicht die Autorin in ihre Erzählungen die Grundgedanken des Zen und Zitate der großen Zen-Meister ein, die sich mit einemmal erschließen. Perle Besserman zeigt, wie das Verständnis dafür, daß „alles einfach so ist, wie es ist", uns das Wunder in unserem alltäglichen Leben wieder sichtbar werden läßt. Ein herzerfrischendes Zen-Buch, das für den Alltagsgebrauch überzeugende Anleitungen zum Loslassen und Annehmen, zum reinen Dasein und zur Kontemplation gibt.

Die Autorin

Perle Besserman, Dr. phil., doziert Englisch an der Illinois State University. Sie hat mehrere in zahlreiche Sprachen übersetzte Bücher zur Mystik veröffentlicht. Zusammen mit ihrem Ehemann Manfred Steger leitet sie die Princeton Area Zen Study Group.

Perle Besserman

Zen oder die Kunst, das Leben zu meistern

Aus dem Amerikanischen von
Bernardin Schellenberger

Herder
Freiburg · Basel · Wien

Titel der amerikanischen Originalausgabe:
Owning It. Zen and the Art of Facing Life,
© 1997 by Perle Besserman.
Published by arrangement with Kodansha America, Inc.

Gedruckt auf umweltfreundlichem,
chlorfrei gebleichtem Papier

Originalausgabe

Alle Rechte vorbehalten - Printed in Germany
© für die deutsche Ausgabe:
Verlag Herder Freiburg im Breisgau 1998
Herstellung: Freiburger Graphische Betriebe 1998
Umschlaggestaltung: Joseph Pölzelbauer
Foto Umschlagrückseite: © Valdes Photography
Umschlagmotiv: Ôido Teeschale aus dem 16. Jahrhundert
ISBN: 3-451-04657-1

INHALT

*Meinen Dharma-Freunden
und -Schülern in der Zen-Gruppe
von Princeton gewidmet*

EINFÜHRUNG

I

Als Kind wollte ich unbedingt fliegen können. Tagsüber tat ich, als segelte ich mit den Vögeln durch die Lüfte, und nachts träumte ich davon, ein Flugzeug zu sein. Als mir das Tun-als-ob und Träumen nicht mehr genügten, ging ich auf die Schaukel eines Spielplatzes, schaukelte hoch hinauf bis zu den Baumspitzen und sprang dann ab. Vier köstliche Sekunden lang wußte ich dann, wie das war: fliegen. Dann krachte ich auf den Boden, und es wurde mir schwarz vor den Augen. Der Umstand, daß ich mir dreimal den Fuß brach, hinderte mich nicht daran, mein hartnäckiges Bedürfnis, etwas anderes zu sein, auszuleben, zum Beispiel, zu erfahren, wie es sich anfühlen mußte, Schnee zu sein. In einem Winter riß ich während eines heftigen Schneesturms das Fenster auf, griff mir eine Handvoll Neuschnee vom Fenstersims und stopfte ihn mir in den Mund. Ich war mir sicher, daß ich wissen würde, wie es sein mußte, Schnee zu sein, wenn ich ihn kosten konnte. Das Ergebnis war nicht die erwartete Erleuchtung, sondern ein Monat Abwesenheit von der Schule mit akuter Lungenentzündung; aber auch diese Erfahrung drosselte meine Wißbegier nicht. Vom Bedürfnis getrieben, herauszufinden, wie es sich anfühlen mußte, ein Hund zu sein, steckte ich meine Hand ins Maul eines Schäferhundes. Diese Hündin namens Lady sah angsteinflößend aus, war aber ein sehr sanftes Tier. Sie schob meine Finger mit ihrer Pfote von ihren scharfen Zähnen weg und bekam für ihr Bravsein ein Plätzchen. Ich bezog eine heftige Schelte und wurde früher zu Bett geschickt.

Mein Bedürfnis, die vielen Wesen meiner Umgebung so gut wie nur irgend möglich von innen her kennenzulernen, äußerte sich später im Spielen und Geschichtenerzählen und noch später in der Meditation und der mystischen Suche nach Einssein. Ich hielt mich für einen spirituellen Menschen, durchforschte die Welt und sammelte Träume und Visionen. Eine Zeitlang verlor ich mich in einem Land ohne Grenzen; ich geriet sogar zu den vier kostbaren Sekunden des Fliegens zurück, die ich als Kind erfahren hatte. Aber das Glücksgefühl wich bald einer Depression, und die wunderbare Welt jenseits des Regenbogens erwies sich als Sackgasse. Ich war wie der mittelalterliche Mönch, der so sehnlich seine täglichen Heimsuchungen durch die Jungfrau Maria wiederfinden wollte, daß er über dem endlosen Versuch, ihr vollkommenes Abbild an die Wand seiner Zelle zu malen, den Verstand verlor. Oder wie der Yogi, dem ich in Kaschmir begegnet bin, der vierzehn Monate lang nicht geschlafen hatte und schließlich die Gedanken seiner Besucher lesen und Salzstreuer einfach dadurch auf dem Tisch umherwandern lassen konnte, daß er sie anstarrte.

Schließlich begegnete ich an einer anderen Stelle meines Weges dem Zen. Es warf mich aus meiner mystischen Flugbahn und ließ mich wieder auf den Boden krachen. Nur war es diesmal ganz anders als beim Sturz von der Schaukel: Statt daß mir schwarz vor den Augen wurde, erwies sich jäh die Welt, die ich hinter mir zu lassen versucht hatte, als genau der Ort, nach dem ich immer gesucht hatte – als ein Wunderland voller Gehwege, Küchenschaben und Wolken. Statt mich in meine Visionen hineinzusteigern, lernte ich es, wie Meister Rinzai drastisch formuliert hat, „einfach zu pissen und zu kacken und gewöhnlich zu sein", leichtfüßig dahinzuschreiten und keine Spuren zu hinterlassen, also wie eine Wolke oder ein Gebirgsbach zu leben. Ich konnte den alten Meistern zuzwinkern, indes ich erlebte, daß auch ich vollkommen still auf dem Rücken eines wilden Ochsen zu reiten vermochte. Frei von aller Abhängigkeit von Träumen und Symbolen, um mir die „reale" Welt erträglich zu machen, konnte ich morgens auf meinem Weg zur Garage mit Zen-Meister Ikkyu tanzen und singen und nach dem Abendessen mein Geschirr in Gesellschaft des Ehrwürdigen Joshu spülen. Aber ehe ich so weit war, diese Kunst zu beherrschen oder, wie mein Zen-Meister es formuliert hat, mich fest auf meine eigenen Füße zu stellen, mußte ich einiges Schwere durchstehen.

II

Meine spirituelle Suche begann in den fünfziger Jahren in Brooklyn. Mehr als zweitausendfünfhundert Jahre und Tausende von Kilometern trennten mich vom Gründer des Zen, Shakyamuni, einem indischen Prinzen in einem abgelegenen Königreich im Norden, der seine Heimat verlassen und auf der Suche nach der Ursache des Leidens das Land durchwandert hatte. Genau wie ich hatte auch dieser indische Prinz viele Jahre damit zugebracht, es mit Yoga und Askese zu versuchen. Doch eines Tages, als er meditierend unter einem Bhodi-(Banyan-)[1]Baum saß, schmolzen alle

---

[1] Der Banyan-Baum, unter dem der Buddha seine Erleuchtung erlangte, wurde zur Erinnerung an diese Erfahrung in Bodhi-Baum umbenannt, denn „Bodhi" bedeutet den erleuchteten Geist.

seine Fragen dahin, und zwar infolge der Einsicht, daß alle Dinge vergänglich, wechselseitig voneinander abhängig und leer sind. Seine Meditation hatte ihm die Offenbarung geschenkt, daß es gar kein substantielles „Ich" gebe, das Leiden erfahre, und auch keine absolute Macht oder letzte Wahrheit hinter den Phänomenen. Im freudigen Augenblick der Entdeckung, *daß alles einfach da ist*, wurde Shakyamuni zum Buddha.

Fünfhundert Jahre später ruderte Bodhidharma, ein rotbärtiger, blauäugiger Anhänger der Sitzmeditation[2] des Buddha aus Zentralasien, auf einem Blatt nach China und schuf die Praxis des sogenannten Ch'an, das dann im zwölften Jahrhundert als Zen nach Japan kam. Unabhängig davon, ob nun die Heldentaten des Bodhidharma Wirklichkeit oder Legende sind, haben jedenfalls jahrhundertelang zahllose Zen-Übende dieselbe Technik der Sitzmeditation angewandt, die er in China eingeführt haben soll, und sind davon zur Erfahrung geführt worden, daß alles einfach da ist.

Ich klinkte mich in das Zen in der zweiten Hälfte des zwanzigsten Jahrhunderts ein, als es von Mönchen in den Westen gebracht wurde, die von einer Samurai-Kultur geprägt waren. Diese Kultur war mit schweren Lasten befrachtet: mit der Pflege des Schmerzes um seiner selbst willen, der Abneigung gegen allen Individualismus, der Verachtung von Frauen und einer machohaften Fixierung auf

---

[2] Der Ausdruck *Sitzmeditation* beschreibt die Haltung und Atemtechnik, die der Buddha unter dem Bodhi-Baum eingenommen hatte, als ihm die Erleuchtung zuteil wurde. Dafür wird auch das Wort *zazen* verwendet. Es besteht darin, daß man sich mit gekreuzten Beinen auf ein Bodenkissen setzt, die Augen gesenkt hält und die Hände mit nach oben gekehrten Handflächen aufeinander in den Schoß legt. Seine Aufmerksamkeit konzentriert man darauf, die Züge des Ausatmens immer von eins bis zehn zu zählen.

joriki[3]. Wie andere westliche Sucher, denen ich auf meinem Weg begegnet bin, hatte auch ich meine großen Probleme mit diesem Zugang zum Zen im militärischen Kommandostil. Wo, so fragten wir uns, gab es noch diese alten chinesischen Meister, von denen wir gelesen hatten, die die Leute mit ihren Späßen, seltsamen Geschichten und chaplinesken Possen in die Erleuchtung geschubst hatten? Wo waren Lehrer wie Bassui geblieben, der das zazen am liebsten hoch droben auf einem Baum geübt hatte? Oder Bankei, der auf freiem Feld vor dem Volk gepredigt und seine Ausführungen unterbrochen hatte, damit sich das Ungeborene im Heulen eines Wolfs offenbare? Höchstwahrscheinlich waren sie durch Traditionalisten von der Zen-Bühne verdrängt worden, deren irdische Verbindungen zur Welt der Machtpolitik an dem rauhen Ton und dem öden Ausbildungsdrill schuld waren, der dann schließlich in den Westen exportiert wurde.

Diejenigen von uns, deren „Haare in Flammen standen" (ein altes Bild aus Indien für diejenigen, die sich nach der Erleuchtung sehnen), beschlossen, sich mit dem abzufinden, was das Karma ihnen beschert hatte. Aber nach einigen Jahren mit dem Zen im Stil der Klöster fingen wir an, Übungsmethoden auszuprobieren, die sich besser mit unseren westlichen demokratischen Prinzipien vereinbaren ließen. Wir waren Laien und darin nicht sehr anders als die Philosophen, Poeten, Künstler, Händler und Artisten zur Zeit der Sung-Dynastie, die zwischen dem zwölften und dreizehnten Jahrundert in Zen-Kreisen noch den Ton angegeben hatten.

[3] Mit dem japanischen Begriff *joriki* wird die Akkumulation spiritueller und übernatürlicher Kraft bezeichnet, die dank der Konzentration auf eine Energiequelle zehn Zentimeter unterhalb des Bauchnabels erzeugt wird.

Zu unserer Überraschung gelang uns der Beweis, daß das Zen anpassungsfähig genug war, um von Menschen, die sich überhaupt nicht als Buddhisten betrachteten, auf ihr Alltagsleben angewandt zu werden. Zudem brauchten wir gar keine Mönche oder Nonnen zu werden, um auf dieselben lebenslangen Fragen Antworten zu suchen, die den Prinzen Shakyamuni und alle die anderen erleuchteten asiatischen Zen-Meister auf den Weg in Richtung Selbstverwirklichung geführt hatten. Nach und nach ging uns auf, daß es kein speziell fernöstliches Gen der Erleuchtung gibt, obwohl uns manche japanische Zen-Meister das weismachen wollten.

Das Erwachen im Zen bedeutet, sich von Körper und Geist zu lösen und zum reinen Augenblick zu werden. Es genügt nicht, sich außerhalb seines Lebens zu stellen und es von außen zu beobachten; und es genügt auch nicht, sich in einer Einsiedelei abzukapseln. (Hakuin, der große japanische Zen-Reformer des 18. Jahrhunderts, hätte uns als „löcherbewohnende Teufel" verurteilt, wenn wir solche Fluchtwege vor der Welt eingeschlagen hätten.) Das voll in der Welt stehende Zen wird immer und überall dort praktiziert, wo kein Quentchen der Selbst-Bewußtheit dazwischenfunkt: in der Küche, im Büro, auf der Autobahn. Es ist der weitläufige Raum des Wanderers, der als wandernder Berg aus dem Wald herauskommt; der Lehrer, der Hamlet in Gestalt des Schülers begegnet, der in der hintersten Reihe sitzt und seine Baseballmütze verkehrt herum aufgesetzt hat; die Mutter, die morgens ihrem Kind im Schulbus nachwinkt; oder der junge Arbeiter, der Gefahr läuft, einer Straßenbande in die Hände zu fallen, und dieses Gefühl beschwichtigt, indem er sich vorstellt, er balanciere über ein Brett.

Wer heute lebendig aus dem Geist des Zen lebt, läßt das klassische Ideal perfekter Form links liegen und setzt sich lieber dem vollen Leben aus, das sich durchaus nicht immer ästhetisch und wohlproportioniert darbietet. Wenn man radikal die Realität erfährt – was die Chinesen I-p'in nennen, die ungebremste Wahrheit der „zehntausend Dinge" –, so wird man fähig, mit seinen Ohren die Rose zu sehen und mit seinen Augen ihren Duft zu atmen. So sieht das aktive Leben eines im Zen erwachten Menschen aus, ganz gleich, ob er einen Besen schwingt, die Pedale eines Fahrrads tritt oder ein Klavier transportiert.

Die meisten Abendländer haben das Zen mit seinen Abkömmlingen gleichgesetzt: den Kriegskünsten, der Kunst des Geschäftemachens oder irgendwelcher Formen des Sports und der Fitneß. Das hat mich lange gestört, aber jetzt betrachte ich diese Abkömmlinge als die kulturellen Blüten des Zen im Westen, vor allem in den USA; sie offenbaren den Zen-Geist genauso deutlich wie die Kunst der Kalligraphie und des Noh oder die japanische Teezeremonie.

Doch sei jetzt noch kurz gesagt, wie das Zen im Alltag ganz praktisch aussieht. Es geht im Zen darum, daß man die Wahrnehmung, daß „die Weidenbäume grün sind und die Blumen leuchten", auf sein Verhalten auf dem Marktplatz umsetzt und daß man ihre Konsequenzen sowohl in seiner persönlichen Lebensgeschichte als auch in der Geschichte unseres Planeten zum Zug kommen läßt. Geht einem dank des Zen auf, daß man selbst nichts anderes ist als der laute Nachbar nebenan, der Wind, das Meer und der Vogelgesang, dann wird einem der soziale und ethische Einsatz zur zweiten Natur. Das Mitleiden, die Enthaltung vom Töten, das Schützen und Erhalten der Erde und ihrer Geschöpfe werden für den betreffenden Menschen zu ganz natürlichen Lebenshaltungen, statt bloße abstrakte Gebote zu sein, die ihm vielleicht als moralische oder religiöse Pflichten eingeimpft worden sind.

Das ist ein Zen, das bestens der Welt des Kommens und Gehens entspricht, in der der ganz gewöhnliche Augenblick, das ganz gewöhnliche Ereignis randvoll mit Wunderbarem sind. Plötzlich werden das Pflücken einer Blume, das Essen eines Stücks Käsekuchen oder das Einander-Lieben zu erleuchteten Akten, zu Erweisen der radikalen Freiheit, die man erlangt, wenn Körper und Geist wegfallen. Zugleich offenbaren solche Akte dann, daß jeder einzelne Mensch über eine klare moralische Autorität verfügt und er letztlich alle formalen Strukturen hinter sich lassen und seine eigene souveräne Ausdrucksform finden muß. Im richtig verstandenen Zen geht es also darum, sich auf die empirische, konkrete Realität zu konzentrieren und ja nicht in ein statisches mystisches Vergessen zurückzusinken (was ein alter chinesischer Zen-Lehrer als „Sitzen auf der Spitze einer hundert Meter hohen Stange" bezeichnete). Damit gibt man dann auch alle Ambitionen auf, das Nirwana zu erreichen; hingegen erwächst daraus die Verpflichtung, für sein Tun die moralische Verantwortung zu übernehmen und ständig auf sein „Formloses Selbst" hin zu leben.

Im Kern ist das Zen-Leben eines Laien in der Welt zwar unbeschwert, aber es ist ihm auch verwehrt, sich hinter die Mauern eines Klosters zurückzuziehen. Die Früchte, die er bringen soll, sind aktiver Natur. Beim Erwachen findet man sich im Nirgendwo und zugleich im Überall vor. Plötzlich offenbart sich einem der Umstand, daß alles einfach da ist, in einer Myriade von Formen, die alle die wort- und bildlose Erfahrung der Leere zum Ausdruck bringen. Hier sind wir unablässig am Spielen; wir glitzern mit dem Morgenstern und fliegen mit den Wildgänsen; wir sind unerschöpflich gegenwärtig, dynamisch und aktiv. In jedem Augenblick und an jeder Stelle bietet sich uns die Gelegenheit, den engen Käfig unseres Selbst wegfallen zu lassen, so daß nur noch tanzende Regentropfen auf dem Dach und der durch das Filter tropfende Kaffee in der Küche übrigbleiben.

III

Nach fünfzehn Jahren Praxis mit dem Zen weiß ich die Vorzüge des formalen *zazen* besser zu schätzen, der unerschütterlichen Hingabe der Mönche an die Sitzmeditation, wie ich sie von meinen japanischen Lehrmeistern gelernt habe. Das Leben ist nicht rundum heiter; und die hart erworbene Klarheit, die man sich mittels der Zen-Disziplin erwirbt, ist da sehr hilfreich, zumal um die steinigeren Wegstrecken des Lebens besser zu meistern. Doch weil ich westliche Laienschüler ins Zen einweise, muß ich unbedingt aufzeigen, daß sich die alte Weisheit des Zen auf das Alltagsleben gewöhnlicher Menschen anwenden läßt. Ganz einfach gesagt: Wenn sich das, was wir auf unseren Meditationskissen lernen, nicht um zwei Uhr morgens, wenn das Baby schreit, weil es Magenkrämpfe hat, anwenden läßt, dann „birgt unser Zen keine Kraft für den Weg". Aus diesem Grund geht das vorliegende Buch von realen Situationen in unserer heutigen Alltagswelt aus, von unseren mitmenschlichen Beziehungen, unserer Arbeit, unseren sozialen Aktivitäten und von unserer körperlichen und seelischen Befindlichkeit. Alle diese Situationen sollen durch das zeitlose Prisma der alten Zen-*Koans* gebrochen und so zu Lehrerzählungen werden, auf die sich ein Schüler beim Meditieren konzentrieren kann.

Ich wage zu behaupten, je näher das 21. Jahrhundert rückt, desto schwieriger wird es für uns, achtsam und einfach zu bleiben und das Holzhacken und Wasserholen als schlicht freudvolles Tun zu empfinden. Wie alle anderen werden sich auch die spirituell interessierten Menschen in zunehmendem Maß durch Maschinen vom reinen Tun im Augenblick abgeschnitten fühlen; sie müssen ständig zwischen tatsächlichen und virtuellen Realitäten hin- und herspringen, und die alten Wege des direkten Aufeinanderzugehens werden ersetzt durch Datenautobahnen. Wie soll man die Wunder dieser „schönen neuen Welt" mit der geschärften Achtsamkeit des Formlosen Selbst wahrnehmen können, wenn man anstelle von Fröschen und duftendem Gras, Füchsen und Wolken ihren Abklatsch auf dem interaktiven Bildschirm vor Augen hat und wenn das Sich-Einüben ins Zen zur Notwendigkeit wird, um auch nur ein normaler Mensch zu bleiben?

Schon seit der Buddha gestorben ist, haben Zen-Schriftsteller ihre eigene Zeit als verderbte und schlimme Zeit beklagt und behauptet, sie sei schuld an der Schwächung des Dharma. Ich will das hier nicht auch tun, denn ich glaube nicht, daß unsere Zeit schlimmer als irgendeine andere Zeit ist. Alles ist vergänglich, und folglich kann man auch jetzt das, was sich abspielt, stehenlassen und nicht-selbstbezogen den Augenblick leben.

Ich vermute, der Weg des Zen im 21. Jahrhundert wird nicht weniger menschlich, sondern im Gegenteil menschlicher werden. Das Zen wird den weltlichen Bedürfnissen der Menschen entgegenkommen und vollends aus den Klöstern in die kunterbunte Wirklichkeit der „zehntausend Dinge" hinausziehen. Es wird den Schlagstock mit der gütigen Hand vertauschen und die Furchtlosigkeit des Samurai mit der Neugier des Kindes. Die Zen-Praktikanten des neuen Jahrhunderts werden einem Zen Gestalt geben, das ihrer Zeit und ihrem Ort angemessen ist, und sie werden zeigen, daß sie einen Grashalm – und vielleicht sogar einen Mikrochip – in einen Zehn-Meter-Buddha verwandeln können. Aus dieser Zuversicht lege ich dieses Buch vor. Wenn es nichts anderes vermitteln sollte, dann sollte es doch wenigstens zur Einsicht führen, daß man sich nicht erst den Fuß brechen muß, um mit den Vögeln fliegen zu können.

TEIL I

Beziehungen
Seijos gespaltenes Selbst

Konflikte in der Liebe und im Familienleben

Ich saß einmal mit einer Freundin beim Kaffeetrinken auf der Terrasse eines kleinen Cafés in Maui. Es war ein paradiesisch schöner Tag, aber ich war zu verspannt, weil ich gerade mit meiner Enttäuschung über eine gescheiterte Beziehung zu kämpfen hatte, und so merkte ich gar nicht, wie die Vögel sangen und der Himmel nicht blauer hätte sein können. Ich sprach nicht besonders laut, aber offensichtlich hatte mir jemand zugehört, denn ich sah auf, als ein gealterter Hippie mit strähnigem grauen Haar an unseren Tisch trat. Er stellte sich gar nicht lange vor, sondern blieb einfach vor mir stehen, lächelte mich freundlich an und sagte zu mir: „Warum nimmst du's nicht *einfach so*, Schwester?" Hierauf wandte er sich um und ging weg. Ich mußte mich drei Jahre lang im Zen üben, bis ich begriff, wovon dieser struppige Hippie geredet hatte.

Mein damaliges Problem bestand darin, mir ein derart idealisiertes Bild meines Ex-Manns geschaffen zu haben, daß ich mit ihm als normalem Menschenwesen gar nicht mehr umgehen konnte. Oft meinen wir, wir könnten das Glück erzwingen, indem wir die schmerzliche Wahrheit über eine Beziehung manipulieren, leugnen oder transzendieren und dabei alles tun, um zu vermeiden, diese Wahrheit so zu nehmen, wie sie ist. Wir lassen uns hierhin und dorthin ziehen, möchten allen alles werden und gleichzei-

21

tig alles selbst im Griff behalten. So setzen wir unsere Ziele hoch droben am Himmel an und sind dann verblüfft, daß wir plötzlich im Graben gelandet sind. Wir verzweifeln über unsere kaputten Familien und gescheiterten Freundschaften und verstecken uns in der Vergangenheit oder hetzen in die Zukunft. Wenn wir damit keinen Erfolg haben, versuchen wir unseren Schmerz wegzuanalysieren oder uns über ihn zu erheben. Wir führen unsere gebrochenen Herzen in der Talkshow im Fernsehen vor oder wenden uns Engeln oder Außerirdischen zu. In unserer Hoffnung, für unsere verwundeten Herzen und rastlosen Seelen Frieden zu finden, werden wir, wie der chinesische Meister Mumon gesagt hat, zu „Geistern, die sich an Büsche und Grashalme klammern", und treiben uns in der Welt des „ich könnte", „ich sollte", „ich möchte" herum, statt auf das zu achten, was ist.

KAPITEL EINS

Gespaltene Loyalitäten

Wir leben in einer Zeit, in der die Unterschiede zwischen den Menschen anscheinend mehr zählen als das, was sie gemeinsam haben. Das hat seine gute, aber auch seine schlechte Seite. Um in einer pluralistischen Gesellschaft die Harmonie aufrechtzuerhalten, ist es unabdingbar, daß wir die Einmaligkeit jedes einzelnen respektieren. Die unterschiedlichen Weisen, wie Menschen essen, sich kleiden, tanzen, singen und Gottesdienst feiern, machen das Leben interessant; das ist die Welt der Myriaden von Lebewesen, in der „die Beine des Kranichs lang und die Beine der Ente kurz sind, und beide sind, genau wie sie sind, wunderbar schön." Aber allzuoft verwechseln wir Verschiedenheit mit Gegensätzlichkeit, und wir vergessen dabei, wie es ein japanischer Zen-Lehrer formuliert hat, „daß wir alle Mitglieder derselben internationalen Nasenlöcher-Gesellschaft sind." Die Folge ist, daß es Krieg nicht nur zwischen Nationen, sondern auch in Familien und zwischen Freunden gibt.

Nirgends treten Konflikte deutlicher zutage, als wenn Leute sich ineinander verlieben. In keiner anderen Situation verlangen wir so viel für uns selbst und von uns selbst. Alle frisch Verliebten leben selig allein für sich in der Welt. Aber schon bald ziehen sie eine Menge Leute an. Jeder will eine Rolle im Drama mitspielen: Eltern, Tanten, Onkel, Cousins und Cousinen, Freunde – und sogar Nachbarn und die Familienkatze. Plötzlich kommen störende soziale und kulturelle Barrieren ans Licht: Seitens des Bräutigams ist nicht genug Geld da, um vor den Augen des reichen Vaters der Braut bestehen zu können; die Mutter des Bräutigams findet die Braut zu klein; ein alter Freund der Familie nimmt es der Braut übel, seinem Sohn einen Korb gegeben zu haben; und die Großmutter der Braut ist ganz gegen die Heirat, weil beide verschiedenen Religionen angehören. Was sollen da die einander Liebenden tun?

Ich will Ihnen erzählen, wie eine Frau einen Konflikt bewältigt hat, der sich ergab, als sie Knall auf Fall heiratete. Sie schaffte das, indem sie sorgfältig auf den jeweiligen Augenblick achtete und das Zen-Prinzip anwandte, daß alles einfach da ist.

KOAN AUS DEM WIRKLICHEN LEBEN
Mattie schreibt einen Brief

Mattie, ein Einzelkind, das in einer warmen und liebevollen, traditionellen, jüdischen Familie aufgewachsen war, war siebenunddreißig und geschieden, als sie von der Ostküste wegzog und sich auf der Suche nach einem neuen Leben in Colorado niederließ. Obwohl sie nicht besonders fromm war, hielt sie doch guten Kontakt zu ihren Eltern und kam über die Feiertage immer heim, um diese gemeinsam mit ihnen zu feiern.

Mattie fand während der Zeit, in der sie eine Buchhandlung in Boulder führte, Interesse am Zen, und im örtlichen Zen-Zentrum lernte sie Joseph kennen und verliebte sich in ihn, einen nichtpraktizierenden Katholiken aus Chicago. Sobald sich abzeichnete, daß die Beziehung ernsthaft wurde, schrieb Mattie ihren Eltern einen Brief, in dem sie sie über die Situation informierte. Als sie daraufhin von ihrem Vater ein knappes Schreiben erhielt, in dem er sie nur an einen Kredit erinnerte, aber Joseph mit keinem Wort erwähnte, rief Mattie bei ihren Eltern an. Sie wußte, daß diese strikt gegen interreligiöse Ehen waren und daß sie an ihr hingen, aber sie war ganz offen dafür, wie sie reagieren würden.

Matties Vater war am Telefon. Als er ihre Stimme hörte, schrie er: „Wir wollen mit dir nichts mehr zu tun haben! Bleib fort!" und knallte den Hörer auf. Mattie kam sich vor, als sei sie ein Treppenhaus hinuntergeworfen worden. Natürlich kamen ihr Tränen und dann sofort ein Krampf im Magen. Wenn man Zen übt, muß das nicht heißen, daß man physiologische Reflexe auf mentale und physische Ängste einfach ausschalten kann, noch bedeutet es, daß man die statische Ruhe eines Eremiten auf einer Bergspitze erlangt, der hoch über allen menschlichen Konflikten thront. Der Unterschied zwischen der Zen-Praxis und der Art, wie die Menschen üblicherweise auf die Schläge in ihrem Leben reagieren, zeigt sich darin, wie Mattie mit ihrer Situation umging, nachdem sie ihren anfänglichen physischen Schock überstanden hatte.

Zunächst einmal starrte sie nicht auf die Verstoßung durch ihren Vater, sondern sie wurde sie. Einen Augenblick vorher war sie noch die Mattie gewesen, die eine pflichtschuldige und von ihren Eltern geliebte Tochter gewesen war; jetzt war sie Mattie, die Verstoßene. Von einem Moment auf den anderen hatte sich ihre Beziehung zu den ihr liebsten Menschen vom Guten ins Schlimmste gekehrt. Dabei ist zu beachten, daß Mattie dieser Zustand wurde, und nicht, daß sie sich an ihn anpaßte, indem sie ihm gegenüber eine positive Einstellung einnahm, etwa dadurch, daß sie sich jetzt die durchaus auch vorteilhaften Seiten dieser Situation vor Augen führte oder sich angesichts der neuen Umstände in diese Rolle fügte. Das mögen zwar hilfreiche therapeutische Techniken sein, um mit mentalen oder physischen Problemen umzugehen, aber das ist nicht Zen. Sehen wir uns den Unterschied genauer an.

Beim zazen handelt es sich um die tägliche Übung, die Kluft zwischen dem, was wir für unser Ich halten, und dem, was sich außerhalb dieses Ich abspielt, ganz zu schließen. Das ist keine Übung zum Abschalten der Sinne oder zur Selbsthypnose. (Einer meiner amerikanischen Zen-Lehrer machte sich einen Spaß daraus, die Glückssucher mit der Aussage zu verblüffen, Zen lasse sich nicht in einem gegen alle Sinneseindrücke vollkommen abgedichteten Raum praktizieren.) Anders als bei anderen Formen der Meditation oder Entspannungsübungen geht es beim zazen nicht um das Manipulieren von Vorgängen, um den Erwerb übernatürlicher Fähigkeiten oder um das Entheben des Praktizierenden aus der Realität. Das heißt allerdings auch nicht, daß man zum Fatalisten wird, der sich lediglich zurücklehnt und alles, was daherkommt, einfach hinnimmt. Um was es hier genau geht, ist nicht die Frage, ob man handelt oder nicht, sondern ob man angemessen handelt. Ein Zen-Meister wird nicht versuchen, vor einem daherrasenden Auto seelenruhig stehenzubleiben; er wird vielmehr hellwach das Auto kommen sehen, um noch rechtzeitig aus dem Weg zu springen.

Wie bei jeder Form der Meditation konzentriert man sich auch beim zazen zunächst einmal auf den Atem, der nach altchinesischer Überlieferung mit dem Geist eins ist. Wenn man das verifizieren will, muß man nur einmal innehalten und darauf achten, wie rasch und flach der eigene Atem wird, sobald einem das nächste Mal erregte oder wütende Gedanken durch den Kopf rasen. Wenn man dann versucht, die physischen und mentalen Vorgänge genau auseinanderzuhalten, kann man schon bald an sich selbst das beobachten, worin sich die alten Meister und die heutigen Gehirnforscher einig sind: daß man gar nicht sagen kann, wo das Physische aufhört und das Mentale anfängt und umgekehrt. In Begriffen des Zen gesprochen: „Dieser Geist selbst ist der Buddha." Das erinnert mich an einen Bekannten, einen Psychiater, der ganz verdutzt war, als ihm sein japanischer Zen-Lehrer seine freihändige Spekulation bestätigte, bei der Erleuchtung handle es sich womöglich „nur um einen neurophysiologischen Vorgang unter anderen".

„Ganz richtig, Charley-san", entgegnete ihm der Roshi, „kein Gehirn, kein Atem, keine Erleuchtung."

Nach buddhistischer Lehre muß man einen menschlichen Körper bewohnen, um zur wahren Natur des Selbst erwachen zu können; selbst Götter und Engel kommen daran nicht vorbei. Will man seinen Geist zur Ruhe bringen, muß man folglich mit der physischen Erfahrung des Zählens seiner Züge des Ausatmens anfangen. Statt sich in einen wohltuenden Zustand zu versenken, indem man den Verkehrslärm oder das Bellen des Hundes nebenan ausschaltet, bezieht eine Zen-Meditierende wie Mattie diese Geräusche in ihre Atemzüge mit ein. Ein bellender Hund und ein vorbeifahrendes Auto können also die Substanz der augenblicklichen Gegenwartserfahrung liefern. Mit zunehmender Vertiefung der Konzentration verschwinden dann alle Unterscheidungen zwischen Mattie und dem, was draußen vor sich geht. Im erwachten Zustand des Alles-ist-einfach-da – das Atmen, vorbeibrausende Autos, bellende Hunde – wird Mattie zum Augenblick.

Kein Ereignis physischer oder mentaler Natur und keine Verknüpfung von Umständen sind zu belanglos oder bedeutsam, um nicht diese Erfahrung zünden zu können. Sie kann sich einstellen, wenn man die Spülung auf dem Klosett drückt, Beethovens Neunte Symphonie hört oder weint, weil einen der eigene Vater gerade aus seinem Leben abgeschrieben hat. Oder wie der alte chinesische Meister Mumon sagt: „Jeder beliebige Funke kann die Dharma-Kerze anzünden." Der Zen-Meister Kyogen zur Zeit der T'ang-Dynastie war Friedhofswärter und kam zur Erleuchtung, als ein Steinchen aufs Pflaster schlug, während er gerade am Kehren war. Kyogen war zum Augenblick geworden und war reines Kehren: Er war nicht mehr Kyogen, der kehrte, sondern das Kehren selbst. Dieser Zustand der Selbst-Losigkeit bot den Grund für sein spirituelles Erwachen. Und so wandte Mattie dieselbe zeitlose Meditationsübung an, um die Kluft zwischen ihrem Ich und ihrem Nicht-Ich zu schließen; sie wurde zur Verstoßung ihres Vaters.

Wenn man sorgfältig auf jeden Atemzug achtet, erfährt man immer wieder die Richtigkeit der buddhistischen Grundwahrheit, daß sich das Leben von Augenblick zu Augenblick ändert. Innerhalb einer Nanosekunde werden tugendhafte Gedanken lasterhaft, beruhigendes Vogelgezwitscher wird von einer aufdringlichen, nervtötenden Autohupe übertönt und körperliches Wohlbehagen ist weg, weil jäh am Körper irgendwo etwas juckt und man sich nicht kratzen kann. Wenn sich solche wechselnden Umstände bereits während einer 25minütigen Meditationszeit in rascher Abfolge einstellen, wie kann man da auf irgend etwas im Leben zählen, das immer gleichbleiben könnte? Mattie stellte sich auf ihrem Zen-Sitzkissen dem von Augenblick zu Augenblick stattfindenden Wechsel, und das ersparte ihr, mit dem Wunsch, in einer anderen Lage zu sein, ihre mentale und physische Energie nutzlos zu vergeuden. Ihr ging auf, daß auch der Bruch mit ihrer Familie nicht immer und ewig andauern mußte, und das gab ihr die Kraft, sich den Ereignissen so zu stellen, wie sie sich entfalteten, statt sich auf eine genaue Erwartung zu fixieren, wie sie sein müßten.

Das soll nicht heißen, daß sie nicht zeitweise einen Einbruch hatte und ihren Geist abschweifen ließ. Dem Menschen ist es auch nach vielen Jahren der Meditation nicht vergönnt, beständig auf den jeweiligen Augenblick konzentriert bleiben zu können. (Ein altes Zen-Sprichwort will wissen, daß sogar der Buddha selbst immer noch üben muß.) Doch indem Mattie geduldig und regelmäßig ihre Aufmerksamkeit wieder auf ihren Atem zurücklenkte, war sie in der Lage, ihren umherschweifenden Geist immer wieder zum aktuellen Thema zurückzubringen. Wenn sie zum Beispiel die Möbel abstaubte und merkte, daß in ihr eine Wut auf ihre Eltern hochkam, so konzentrierte sie sich darauf, nichts als wütend zu sein, statt ihre Wut mit einem endlosen Faden von Erinnerungen auszuschmücken. Das hatte merkwürdigerweise die Wirkung, daß die Zeiten, während derer sie voller Wut war, immer kürzer wurden. R. H. Blythe, ein englischer Dichter, der in Japan gelehrt hat, formulierte das treffend, als er sagte, die Zen-Übung habe ihn nicht davon abgehalten, nach einem Streit mit seiner Frau auf sie wütend zu sein, aber sie habe ihm immerhin geholfen, diese Wut auf zwei Stunden zu beschränken, statt sie zwei Wochen lang zu haben. „Selbst Engel hätten nicht mehr zustande gebracht", bemerkte einer meiner Zen-Lehrer, der mit Blythe befreundet gewesen war.

Matties Konzentration verlor sich manchmal in der Phantasievorstellung, daß sie sich selbst in zwei Teile aufspaltete und einen Teil Joseph, den anderen ihren Eltern widmete. Sie verfügte über einen „Fabuliergeist", wie ihr

Verlobter zärtlich sagte, und dieser Geist verführte sie dazu, den angefangenen Faden endlos weiterzuspinnen. Mattie verbrachte Wochen damit, immer wieder bewußt zum Zählen ihrer Atemzüge zurückzukehren, sooft ihre Phantasie wieder mit dem Aufspalten begann, bis sie sich endlich davon lösen konnte. Aus diesem Kampf lernte sie zudem, wie ein Punkt, an dem man hängenbleibt, zur Stärke gereichen kann. Von Natur aus eher eine ungeduldige Perfektionistin, gewann sie zwei wichtige Zen-Einsichten: Erstens, wie sie ihren eigenen Geist gütig behandeln konnte, ohne nachlässig zu werden, und zweitens, daß es keine Art Instant-Zen gibt.

Während dieser Zeit zahlte Mattie ihrem Vater den Kredit zurück. Sie fügte dem Scheck einen freundlichen Gruß bei, wunderte sich jedoch nicht, daß keine Reaktion kam. Sechs Monate danach wurden sie und Joseph in einer zivilen Zeremonie getraut. Sie saßen am Küchentisch und adressierten ihre Hochzeitskarten an ihre jeweiligen Angehörigen, als Joseph vorschlug, sie solle der formellen gedruckten Anzeige, die sie ihren Eltern schicken wollte, einige persönliche Zeilen hinzufügen. Als Mattie darauf nichts sagte, drängte er sie nicht weiter dazu und adressierte weiterhin seine Briefumschläge. Mattie holte ein paarmal tief Luft. Sie spürte den Füller zwischen ihren Fingern, das Papier und das Holz des Tisches unter ihren Händen, und sie beugte sich nach vorn, um zu schreiben. Und jetzt plötzlich, nachdem sie im Lauf von sechs Monaten die Kluft zwischen sich und ihrer Entfremdung von ihren Eltern geschlossen hatte – wobei nach und nach alle ihre Hoffnungen, Phantasien und Gefühle von Schuld und Selbstmitleid in ihren regelmäßigen Atemzügen weggeschmolzen waren –, tat sich ein weites und geräumiges Schweigen auf, aus dem die Worte mühelos hervorquollen.

Das lärmende Ego-Bündel namens Mattie verschwand, und was einzig blieb, war der Akt des Schreibens. Das ist es, was der chinesische Zen-Dichter Yoko Daishi meinte, als er schrieb: „Im Zen reif sein heißt, im Ausdruck reif sein." Alle authentischen Äußerungen erfließen aus dem vollständigen Aufgehen im Augenblick. Es handelt sich um das, was wir als Zen-Spontaneität kennengelernt haben oder, wie man es auch bezeichnet, als „aus der Erleuchtung erwachsendes Tun". Es ereignet sich nur, wenn Handelnder und Handlung ein und dasselbe sind oder, wie es der irische Dichter W. B. Yeats formuliert hat, man nicht mehr genau „den Tänzer vom Tanz unterscheiden kann".

Als spontanes Ergebnis des Schreibens ohne den Gedanken „Ich schreibe jetzt" wurde Matties Brief zum Ausdruck des formlos Absoluten in der Welt der Form. In dem Augenblick, wo die Feder das Papier berührte, schwanden Matties Entfremdung und Leiden, denn es war niemand mehr da, der dieses hätte empfinden können. Zen-Sätze, mit denen dieses Ereignis des Sich-Loslassens in den Augenblick hinein beschrieben werden, sind aktiv, farbig und sprechen typischerweise immer von etwas, wie wenn „man durch den Boden eines Eimers bricht", „im Krächzen einer Krähe verschwindet" oder „wie ein Berg zu tanzen anfängt". Man fühlt sich in Stücke zerbrechen, von Freude überströmt oder in Glut versetzt. Es kann sein, daß man innerlich still lächelt oder in Tränen ausbricht. Bei Mattie führte die Erfahrung, selbst zum Augenblick des Schreibens an ihre entfremdeten Eltern zu werden, zu einem tiefen Gefühl des Friedens.

Zehn Tage danach kam von ihrer Mutter ein Schreiben, sie sei bereit, sich mit den Neuvermählten „auf neutralem Gebiet" zu treffen, nämlich im Haus einer Tante. Die erste Hürde war geschafft, als zu Matties Überraschung ihre

Mutter und Joseph aufrichtig Gefallen aneinander fanden. Mattie wußte, daß sie mit ihrer Mutter auf ihrer Seite in nicht allzu langer Zeit auch ihren Vater gewinnen würde, und sie hatte recht.

Trotz ihrer wachsenden Sympathie für Joseph blieben Matties Eltern bei ihrer grundsätzlichen Ablehnung der interreligiösen Heirat ihrer Tochter. Sie setzten ihr sogar zeitweise zu, sie solle darauf bestehen, daß Joseph zum Judentum konvertiere. Aber Matties Übung, immer wieder zu ihrem Atem zurückzukehren, war im Lauf der Zeit zu einem derart festen Bestandteil ihrer Beziehung zu ihren Eltern geworden, daß sie solche kritischen Augenblicke schon beim Aufkommen zu neutralisieren vermochte. Wenn sie jetzt mit der Wut ihres Vaters konfrontiert war, hielt sie nicht mehr energisch dagegen und gab auch nicht mehr dem jähzornigen Impuls nach, beweisen zu wollen, daß sie im Recht sei. Indem sie einfach auf jeden Augenblick des Zusammenseins mit ihrem Vater achtete, ohne vorauszudenken und sich Argumente für die Gegenattacke zurechtzulegen, wurde Mattie weniger für das schale, rücksichtslose Geschwätz ihrer sich selbst verteidigenden Persönlichkeit anfällig. Sie merkte, daß sie jetzt mehr zuhören und weniger reden konnte, und wenn sie etwas sagte, waren ihre Worte weniger verletzend. Da Mattie ihr Ich nicht mehr krampfhaft festzuhalten brauchte, mußte sie auch nichts mehr verteidigen. Sie saß ganz einfach auf dem Sofa und unterhielt sich mit ihrem Vater, sonst war nichts, und das genügte auch.

Die alten chinesischen Meister benutzten solche Zwiegespräche zwischen Menschen als Gelegenheit, das Zen auf das Alltagsleben anzuwenden. Da ging vielleicht ein Lehrer neben einem Schüler her, erzählte diesem spontan eine Geschichte und bat ihn dann, einen „krönenden Satz" zu sprechen, um zu sehen, ob der Schüler die Zen-Einsicht in die Situation hatte. Oder er machte den Schüler vielleicht auf eine am Himmel fliegende Gänseschar aufmerksam und stellte ihm eine Frage, wobei er den Schüler in die Nase zwickte, um zu sehen, ob er damit eine unerleuchtete Reaktion auslöste. Im Lauf der Jahre wurden diese spontanen Zwiegespräche niedergeschrieben und in die Form sogenannter Koans gebracht, das sind Beispielworte für das Üben in Zen-Klöstern. Man fügte noch Folkloristisches, Elemente der buddhistischen Mythologie und eigene Bemerkungen zu diesen Geschichten hinzu, und spätere Herausgeber faßten die Koans in Sammlungen zusammen, die auch heute noch von Zen-Übenden als Gegenstände der Meditation verwendet werden. Ein chinesisches Koan aus der Sammlung Mumonkan aus dem 13. Jahrhundert mit dem Titel „Seijos gespaltenes Selbst" stellt genau Matties Fall dar.

Eine junge Frau namens Seijo verliebt sich in ihren Kindheitsfreund Ochu und heiratet ihn gegen den Willen ihres Vaters. Dadurch wird sie zwischen ihren aufgespaltenen Loyalitäten hin- und hergerissen. Es kommt zum völligen Bruch mit ihrer Familie. Sie zieht in eine weit entfernte Stadt, findet ein erfüllendes Leben mit ihrem Mann, möchte sich aber mit ihrem Vater aussöhnen. Es vergehen mehrere Jahre, und schließlich überredet Seijo Ochu, mit ihr zu ihrem alternden Vater zu reisen, in der Hoffnung, sich mit diesem versöhnen zu können. Bei der Ankunft im Heimatort der Eltern bekommt es Seijo mit der Angst zu tun und schickt ihren Mann voraus, um zunächst einmal allein mit ihrem Vater zu sprechen. Der alte Mann begrüßt Ochu an der Tür und hört sich ungläubig dessen Geschichte an.

*„Da muß es sich um einen Irrtum handeln", sagt er.
„Seijo ist nie von daheim fortgegangen. Von dem Tag an,
wo du fortgegangen bist, wurde sie krank, legte sich ins
Bett und sprach nie mehr ein Wort. Meine arme Tochter
liegt immer noch so da."*

*Entschlossen, den Vater seiner Frau davon zu über-
zeugen, daß seine Tochter lebe und es ihr gutgehe, holt
Ochu Seijo und stellt sie dem Vater vor.*

*Derweil geht der alte Mann ins Schlafzimmer, um der
kranken Seijo zu sagen, was geschehen sei. In diesem
Augenblick betritt die gesunde Seijo das Haus. Ohne
ein Wort zu sagen, steigt die Kranke aus dem Bett und
eilt auf die Gesunde zu, umarmt ihr Ebenbild an der
Tür, und die beiden werden eins.*

Beide Geschichten nehmen den Bruch einer Frau mit ihrem
Vater zum Anlaß, ein spirituelles Erwachen herbeizu-
führen. Man beachte, daß auf typische Zen-Weise eine Situation aus dem wirklichen Leben mit einer ganz normalen
Handlung als Vehikel dient. Die entfremdete Mattie setzt
sich einfach hin und schreibt einen Brief. Die vom Konflikt
geplagte Seijo macht einen Besuch. Ganz unabhängig davon, daß die eine Geschichte im alten China spielt und die
andere im heutigen Colorado oder daß das *Koan* einen „ma-
gischen" Schluß hat, zeigen beide, daß sogar ein schmerz-
licher Familienzwist zu einem Punkt der Heilung führen
kann, wenn man nur dafür offen ist.

KAPITEL ZWEI

Der Fels der Familie

Wir müssen nur in die unmittelbare Runde schauen, um zu sehen, wie stark sich das Familienleben in den vergangenen dreißig Jahren verändert hat. Zunächst gab es die Kernfamilie, die sich aus der Großfamilie herausentwickelt hatte; dann die Alleinerziehenden mit Kindern; und jetzt gibt es wieder eine neue Version der Großfamilie, zu der Stiefmütter und Stiefväter, Halbschwestern und Halbbrüder und eine ganze Reihe von Onkel, Cousinen und Cousins und Tanten gehören, und daneben noch Lebensgemeinschaften von Großvätern und Großmüttern, Gleichgeschlechtlichen und Alleinerziehenden sowie solche, zu denen frisch geschiedene und arbeitslose Kinder oder Enkel wieder eingezogen sind. Irgendwie mitten in all dem gibt es eine Gestalt des Atlas, der die Welt der Familie auf seinen/ihren Schultern trägt.

Verläßliche Familien-Felsen gibt es in allen Formen, Größen, Geschlechtern, Altern und Farben. Aber die Statistik sagt uns, daß es sich dabei in der überwiegenden Mehrzahl um Frauen handelt und daß von ihnen zusätzlich zu ihrer anstrengenden Arbeit außer Haus erwartet wird, daß sie einen gesamten Haushalt ernähren, stützen, gestalten und heilen. Kein Wunder also, daß unlängst als Abbildung zu einem Zeitschriftenartikel über „The Exhausted American" („Die erschöpfte Amerikanerin") eine Frau in einem zerknitterten blauen Kostüm zu sehen war, die an einem Schreibtisch neben einer offenen Aktentasche saß und mit glasigen Augen in den Raum starrte. Das ist die Seijo von heute, die sich krampfhaft bemüht, es ihrem Chef, ihrem Mann und ihren Kindern recht zu machen, die Mutter, die für alles sorgen muß und so erschöpft ist, daß ihre eine Hälfte erschöpft im Bett liegt, derweil die andere halbtot auf den Füßen steht.

KOAN AUS DEM WIRKLICHEN LEBEN
Glenda macht einen Spaziergang

Glenda war die typische vielseitige amerikanische Frau, die Art, auf die sich alle verlassen konnten. Sie hatte ein Kunstdiplom und einen M. B. A. von zwei Ivy-League-Universitäten, war eine talentierte Musikerin, engagierte Umweltschützerin und hingebungsvolle Frau, Mutter und Tochter. Das Problem war nur, daß sie alle diese Rollen auf einmal spielen wollte, und dazu beteiligte sie sich noch aktiv an einer Zen-Gruppe, zu deren Gründung sie beigetragen hatte.

Lange Zeit schien Glenda sich in ihren vielfältigen Rollen recht wohl zu fühlen. Dann, als sie Anfang Vierzig war, änderte sich ihr Leben radikal: Sie brachte eine zweite Tochter zur Welt, verlor ihren Vater und gab ihren Job als Umweltschützerin auf, um in größere Nähe zur Stadt ziehen zu können, wo ihr Mann arbeitete. Da sie ihre alte Mutter nicht allein zurücklassen wollte, bot sie ihr an, bei ihr einzuziehen.

Die neue Familienkonstellation mit ihren veränderten emotionalen Ansprüchen erwies sich schon bald als sehr schwierig. Zuerst hatte sie vorgehabt, daheim zu bleiben, Flöte zu spielen und sich ihrer Mutter und ihren Kindern zu widmen. Aber da sie ein größeres Haus gekauft hatten, das in einer teuren Vorstadt lag, die für ihre guten öffentlichen Schulen bekannt war, mußte Glenda das Familieneinkommen mit einem Teilzeitjob aufbessern. Ihre älteste Tochter tat sich schwer, die Schule zu wechseln und ihre Freundinnen aufzugeben; ihr Mann war froh, nicht mehr so weit ins Geschäft fahren zu müssen, fand aber dennoch nicht genug Zeit, um sich auch mit um die Kinder zu kümmern; und das neue Baby litt unter Koliken, so daß Glenda keine Nacht mehr richtig schlafen konnte. Zudem war Glendas achtzigjährige Mutter, eine Künstlerin, die bislang gern in ihrem Studio gemalt hatte und abends mit ihren Bekannten zusammen gewesen war, seit dem Umzug depressiv und sehr reizbar geworden.

Glenda schlüpfte ständig aus der einen Rolle in die andere und versuchte, es allen in der Familie recht zu machen und ihre vielen Pflichten zu erfüllen. Dazu war es unumgänglich, daß sie ihre tägliche Meditationszeit kürzte, von fünfundzwanzig auf fünfzehn Minuten, dann auf zehn und schließlich auf null. Da sie wegen des Babys jede Nacht wach sein mußte, war sie schließlich derart übermüdet, daß sie immer und überall, wo sich gerade die Gelegenheit bot, eindöste. Der Versuch, in einem Haus, das immer noch mit nicht ausgepackten Bücherkartons und Kisten voller Hausrat vollstand, einen Platz für ihre Zen-Sitzkissen zu finden, erwies sich als vergeblich, was ihre Bemühungen, wieder regelmäßig zur Meditation zu sitzen, noch zusätzlich vereitelte. So blieben ihr nur noch zwei Stunden der Meditation jeden Freitagabend mit ihrer Zen-Gruppe, die sie sich mit Schuldgefühlen abknapste, und Glenda spürte, daß sie von dem wegdriftete, was sie vordem als tief erfüllende spirituelle Übung erfahren hatte.

Dennoch war sie davon überzeugt, sie werde das alles schon wieder wie früher auf die Reihe bringen, und entwickelte für sich selbst eine gewisse Routine. Fest zum Üben entschlossen, ging sie zu Fuß statt mit dem Auto zur Arbeit. Sie widmete auch nachmittags jeweils eine Stunde der Arbeit als ehrenamtliche Expertin bei einem Projekt der Umweltforschung, in das sie ihre ältere Tochter mit einbezog, und wenn ihr Mann abends länger bei der Arbeit war, aß sie in Ruhe mit ihrer Mutter zu Abend und setzte sich mit ihr bei einem Glas Wein zusammen. Sie bemühte sich um alternative Medikamente zur Behandlung der Koliken des Babys und schaffte es sogar, sich sonntags, wenn ihr Mann sich um die Mädchen kümmerte, eine Stunde für das Flötenspielen zu gönnen. So schien Glenda tatsächlich alles in den Griff zu bekommen, bis plötzlich bei ihr Migräneanfälle einsetzten.

Es dauerte nicht lange, und sie sah ein, daß sie sich dieses Mal übernommen hatte und auf der Stelle das Steuer herumreißen mußte, ehe es zum Zusammenbruch kommen würde. Nachdem sie ein ganzes Wochenende lang starke Kopfschmerzen gehabt hatte, rief Glenda ihren Chef an und sagte ihm, künftig werde sie montags nicht mehr arbeiten. Sie übergab ihr Baby einer zuverlässigen Freundin, fuhr ihre Mutter in die öffentliche Bücherei, lieferte ihre ältere Tochter in der Schule ab und parkte das Auto auf dem städtischen Parkplatz. Dann holte sie ihre Turnschuhe aus dem Kofferraum, zog sie an und machte einen Spaziergang.

Es gibt im Zen eine Form der Geh-Meditation namens kin-hin. Man kann sie schnell ausführen, in Form eines kurzen Jogging Laufs oder Trottes oder ganz langsam, indem man bewußt einen Fuß vor den anderen setzt und diesen Rhythmus genau auf denjenigen seiner Züge des Ein- und Ausatmens abstimmt. Gewöhnlich macht man diese Übung zwischen einzelnen Sitzmeditationen und auf Einkehrzeiten, und zwar früh morgens, ehe man den Tag beginnt. Die Geh-Meditation wird besonders von aktiven Typen geschätzt, die sich besser konzentrieren können, wenn ihr Körper in Bewegung ist, als wenn sie still dasitzen. Instinktiv wählte Glenda die für sie geeignetste Form einer aktiven Meditationsweise, die ihr helfen konnte, eine Herausforderung zu bewältigen, die für sie buchstäblich zu einem existentiellen Koan geworden war.

Wie Mattie sich vollkommen in den Akt des Schreibens hineinbegeben hatte, so verschwand Glenda jetzt im Gehen und fühlte nur noch den Weg unter ihren Füßen. Atmen. Die Vögel in den Bäumen zwitschern hören. Das Wasser riechen, als sie sich dem See nähert. Den Mann sehen, der im orangenen Kajak paddelt. Alles gemäß seiner eigenen Ordnung und an seinem richtigen Platz. Sogar das Auspuffgas des Dieselmotors der Betonmischmaschine, die an ihr vorbeifuhr, als sie am Fußgängerübergang wartete. Reines Warten. Dann, als der Laster vorbei war, reines Gehen, jeweils einen Fuß vor sich setzen, dazu einen Atemstoß. Sie ging auf diese Weise, ohne einen Gedanken über Glenda, die Mutter, zu haben, die pflichtbewußte Frau und Tochter, die Eine-Frau-Schau. Mit jedem Schritt ließ sie eine Rolle fallen. So ging Glenda eine halbe Stunde lang vor sich hin, um dann wieder zu ihrem Auto zurückzukehren und heimzufahren.

Als später in dieser Nacht das Baby aufwachte und zu schreien anfing, stand sie auf und ging zu ihm. Doch jetzt war es das erste Mal, seit Betsy krank geworden war, daß Glenda nicht das Gefühl hatte, ein Teil von ihr gehe im Wohnzimmer hin und her, während der andere Teil schlafend im Bett liege. Sie ging ganz einfach mit Betsy in den Armen auf und ab, beruhigte sie, war ganz ins Bewußtsein ihrer unmittelbaren Wirklichkeit vertieft. Sie war hellwach, voll und ganz da bei Betsy, eins mit der Erfahrung des Gehens, Atmens und des Spürens, wie die Schreie des Kindes unter ihren Fingern, die seine Schulter streichelten, verebbten. Und obwohl sie sich genau ihren Weg zwischen den Kisten im Wohnzimmer hindurch suchen mußte, kam ihr überhaupt nicht mehr der Gedanke, daß sie sie noch alle auspacken müsse. Glenda hatte bei ihrem meditativen Spaziergang an diesem Vormittag die Vorstellung abgelegt, sie könne und müsse alles machen, und ihr war aufgegangen, wie sie in letzter Zeit nicht nur ihre Familie zu kurz kommen lassen, sondern auch ihrer eigenen Gesundheit geschadet hatte.

Aktive Menschen wie Glenda müssen besonders achtgeben, wenn sie ihren Ehrgeiz auf das spirituelle Leben richten. Sie vergessen allzu leicht, daß es bei allem Üben darum geht, ganz gewöhnlich zu werden. Auf romantisch veranlagte Gemüter wirkt der Gedanke verlockend, erleuchtet zu werden und bis auf den Gipfel des Berges zu gelangen, und immerhin war Glenda Künstlerin. Was sie zunächst zum Zen geführt hatte, war der Freudenschauer gewesen, der sie durchpulste, während sie einem Konzert auf der shakuhachi-Flöte zugehört hatte. Es brauchte mehrere Jahre, bis sie die Erfahrung machte, daß die Frau, die dem Flötenspieler lauschte, und der Flötenspieler, dem sie zuhörte, ein und dasselbe waren; sogar danach vergaß sie das allzu leicht, so daß sie sich das mit jedem Schritt, den sie setzte, wieder vergegenwärtigen mußte.

Wenn man die Kluft zwischen sich selbst und anderen schließt, muß das nicht unbedingt heißen, daß man die Verantwortung für ihr Leben übernimmt und für sie sorgt. Manchmal bedeutet das auch, daß man losläßt und überhaupt nicht verfügbar ist; daß man denen, die man liebt, die Freiheit läßt, das Leben so zu erfahren, wie es ist, ohne ihnen die eigenen guten Absichten aufzudrängen. Wenn wir es zulassen, daß wir vollkommen in den Augenblick des Bezogenseins auf einen anderen Menschen eingehen, das heißt, ganz und gar eins mit dem physischen und sozialen Kontext dieser Begegnung werden, dann können wir in unseren familiären Beziehungen echte Ganzheit erfahren. Nur wenn sie sich selbst in die Augen schaut und zu ihrer Trauer über all das, was sie nicht für diesen und jenen tun kann, wird oder kann Glenda/Seijo die beiden voneinander getrennten Hälften ihres Selbst miteinander verschmelzen.

Echte Wechselseitigkeit gewinnt man dadurch, daß man sich beständig daran erinnert, zur strahlenden Konkretheit des Jetzt zurückzukehren. Zunächst einmal müssen wir jedoch die Wechselseitigkeit erfahren, ehe wir aus ihr heraus handeln können; sonst handeln wir aus einer falschen Vorstellung von Beziehung heraus. Wir können dann millionenmal am Tag Mantras über Selbstverbesserung rezitieren, ohne uns auch nur einen Deut zu bessern. Wir können uns zahllose Predigten und Tonbänder anhören und uns darum mühen, uns auf ein liebenswürdigeres, rücksichtsvolleres und fürsorglicheres Verhalten zu programmieren. Aber das alles kommt nur von außen her, und erst recht, wenn wir dabei auch noch auf unsere Umgebung schielen, ob es jemand gemerkt hat und dafür dankbar oder davon beeindruckt ist. Wenn wir wie Glenda unterstellen, unsere idealisierten Bilder von uns selbst seien Wirklichkeit, dann haben wir den Weg der gespaltenen Seijo eingeschlagen: Die eine Hälfte von uns liegt krank im Bett, während die andere, anscheinend gesunde, voller Schmerz ist. Wir gehen allen unseren Pflichten nach, scheinen sie hingebungsvoll und zuverlässig zu erfüllen, aber etwas Unsagbares nagt an uns: die Aufgabe, die wir gestern nicht fertiggebracht haben, und diejenige, die morgen auf uns wartet.

Obwohl die Zen-Übung in einer langen Tradition mit den Kriegskünsten verquickt war, verwandelt sie uns nicht unbedingt in Helden, die Blitzaktionen ausführen. Zugegeben, das war dereinst für die Krieger, die dem Tod ins Auge sahen, von ungemeinem Vorteil, aber ich denke, für die meisten Laien besteht der eigentliche Nutzen des Zen darin, daß sie mit ihrem Leben besser zurechtkommen. Die Ergebnisse mögen weniger spektakulär sein, aber die Ansprüche, denen wir heute ausgesetzt sind, sind auch entsprechend höher. In einer immer komplexer werdenden Welt belohnt uns das Zen mit dem Geschenk der Einfachheit. Das zazen hilft uns, den Wirrwarr in unserem Kopf zu durchstoßen und uns ganz auf das einzulassen, was uns im jeweiligen Augenblick über den Weg läuft. Das wird wohl kaum zur Folge haben, daß wir alle schlechten Typen niederhauen und die Welt retten, wohl aber kann uns dabei aufgehen, daß die Tat, mitten in der Nacht aufzustehen, um einen schreienden Säugling zu beruhigen, gar nichts anderes ist als die Erleuchtung selbst.

KAPITEL DREI

Die Scheidung ohne Ende

Angesichts der Tatsache, daß in Amerika inzwischen jede zweite Ehe wieder geschieden wird, bieten sich mehr als genug Möglichkeiten, die Lektionen der Zen-Übung auf die harten Realitäten des heutigen Familienlebens anzuwenden. In einer solchen emotional hoch angespannten Situation wird es besonders schwer, sich zu konzentrieren, wenn Kinder im Spiel sind, und noch schwerer, wenn die Ehepartner diese als Keule benutzen, um einander gegenseitig Wunden aus der Vergangenheit heimzuzahlen. Ich warte noch darauf, daß eine freundschaftliche Möglichkeit gefunden wird, das Problem des Sorgerechts für die Kinder zu lösen. Es scheint, je mehr wir uns darum sorgen, die Familie zusammenzuhalten, desto zersplitterter und chaotischer wird sie. Männer versammeln sich in Fußballstadien und versprechen, ihre traditionellen Rollen wieder wahrzunehmen; Frauen veranstalten auf Collegeplätzen Protestmärsche gegen die zunehmende Gewalt, die ihnen von Männern angetan wird, und sie schwören nächtlichen Streik; und Kinder verklagen ihre Eltern vor Gericht, um sich ihre Rechte zu holen. Wir sind alle so eifrig damit beschäftigt, das zurückzufordern, was wir glauben verloren zu haben, daß das, was als Dialog begonnen hat, in einem lauten Krawall endet.

Fortschrittliche Staaten wie der von Hawaii gehen dieses Problem so an, daß sie vom Gericht vermittelte Aussprachen zwischen Eltern und sechs- bis achtzehnjährigen Kindern vorschreiben, bevor sie eine Scheidung aussprechen. Diese Aussprachen zielen weniger darauf, Ehen wieder zusammenzukleistern oder psychologische Probleme zu lösen, sondern sie sind vielmehr dazu gedacht, den Familien dabei zu helfen, mit den schwierigen Realitäten der Übergangszeit klarzukommen. Das beeindruckt mich, weil es mir als dem Zen ähnliche Methode vorkommt. Zu dem Zeitpunkt, wo wir uns von den beiden gegenüberliegenden Seiten einer Gerichtsbank her in die Augen schauen, ist es gewöhnlich zu spät, sich einen Kuß zu geben und frisch anzufangen. Der eigentliche Test, ob wir fähig sind, zum reinen Augenblick zu werden und uns im Verlauf einer Scheidungsprozedur angemessen zu verhalten, ist dann gegeben, wenn wir gezwungen sind, uns auf neutralem Boden gegenüberzustehen und die Kinder als Zuschauer dabeizuhaben.

An solchen kritischen Wendepunkten in unserem Leben wird die Notwendigkeit, die Kluft zwischen dem Ich und Nicht-Ich zu schließen, ganz wesentlich. Wenn wir das Selbst loslassen, das immer versucht, das zurückzunehmen, was es als rechtmäßig ihm gehörig betrachtet, und wenn wir in den Augenblick einschmelzen, kann sogar eine endlose Scheidung zum Sprungbrett für mitfühlendes Handeln werden. Das hat ein Zen-Freund von mir erlebt, den ich hier David nennen will.

KOAN AUS DEM WIRKLICHEN LEBEN
David geht mit den Jungen schwimmen

Als ältester Sohn einer großen Familie, der eine alleinerziehende, alkoholkranke Mutter vorstand, fühlte sich David schon früh zur Arbeit mit verhaltensgestörten Kindern hingezogen. Er war ein Preisschwimmer und bekam ein Stipendium, um das College besuchen zu können. Nachdem er seinen Magisterabschluß in Pädagogik gemacht hatte, wurde er in einem innerstädtischen Jugendzentrum seiner Heimatstadt Santa Fe Schwimmtrainer. Mit siebenundzwanzig schloß er sich einer der vielen blühenden Zen-Gemeinschaften im amerikanischen Südwesten an. Da ihn die religösen Wurzeln, der seine Meditationspraxis entstammte, sehr ansprachen, wurde David sogar Buddhist. Kurz vor seinem dreißigsten Geburtstag lernte er seine spätere Frau kennen und lieben. Caroline war eine erfolgreiche Modedesignerin aus New York und stieß buchstäblich auf ihn, als sie gerade das Gemälde einer Bekannten bei einer Vernissage in Augenschein nahm. Nach einem Jahr war David es leid, ihre Liebesbeziehung nur aus der Ferne zu unterhalten; er kündigte, trat aus seiner Zen-Gemeinschaft aus, verließ seine geliebte Heimatstadt und zog zu Caroline in ihr Apartment in Manhattan. Zu seiner Überraschung fiel es ihm leichter, sich an das rauhe, schnellebige Dasein in der Stadt zu gewöhnen als an Carolines verbissenen Ehrgeiz und ihre Bekannten aus der High-Society. Aber er war zu sehr verliebt und zu glücklich darüber, eine derart großartige Frau gefunden haben, um irgend etwas aufs Tapet zu bringen, was einen Schatten auf ihre Beziehung geworfen hätte.

David besuchte Kurse an der New York University und erwarb sich ein Diplom in Sozialarbeit. Mit seiner Berufserfahrung in Santa Fe und seinen Spanischkenntnissen fand er eine Stelle an einem Zentrum für verhaltensgestörte Jugendliche im Herzen des Stadtviertels. Er behielt weiterhin seine morgendliche zazen-Übung bei, gewöhnlich daheim und einmal in der Woche mit einer Gruppe in Brooklyn. Sein Üben und sein beruflicher Einsatz wirkten so fruchtbar zusammen, daß er schon bald befördert wurde. David entwickelte zu allen seinen Untergebenen einen sehr direkten Draht, und er hatte für alle ein einmalig gutes Gespür. Sein Ruf machte recht schnell in der ganzen Gemeinde die Runde; er wurde zur allbekannten, allseits beliebten Persönlichkeit, selbst bei Mitgliedern der Straßengangs. Derweil ging auch Carolines Karriere steil aufwärts, was hieß, daß sie häufig auf Auslandsreisen war und viele Überstunden machte. Da sie also viel abwesend war, wurde David zunehmend vom Heimweh gepackt, und er legte seinen Urlaub immer so, daß er in die Zeiten fiel, in denen die Zen-Gruppe von Santa Fe einwöchige Meditationsveranstaltungen anbot. Während einer dieser Meditationswochen erhielt er von Caroline ein Telegramm mit der Mitteilung, sie sei schwanger und bitte ihn, unverzüglich nach New York zurückzukommen, um mit ihr „darüber zu sprechen". Von der Nachricht entzückt, kaufte David zwei Trauringe und eilte heim. Doch er wurde mit der Kunde konfrontiert, daß Caroline andere Pläne hatte. Sie wollte kein Kind, bestimmt nicht jetzt und vielleicht auch überhaupt nie. Und sie hatte nicht die Absicht, Hals über Kopf in eine Ehe zu stürzen, weder mit ihm noch mit sonst jemand.

Warum hatte Davids Zen-Praxis ihn nicht davor bewahrt, sich in der Beziehung zu wähnen, die er sich in seinem Kopf zurechtgelegt hatte, statt sich auf die Beziehung einzustellen, die er wirklich hatte? Weil das Zen genau wie das Leben selbst dynamisch, nicht statisch ist. Es ist ein Prozeß, kein Endpunkt; und da sogar der Buddha selbst immer noch üben muß, heißt das, daß wir mit unseren Gewohnheiten, unseren Vorlieben und Abneigungen und den unvermeidlichen Ergebnissen unserer Taten ständig neu in Frage gestellt werden, ganz gleich, wie erleuchtet wir schon sein mögen. In der Frühzeit meiner eigenen Praxis quälte mich zum Beispiel die Beobachtung, daß sich tief erleuchtete Menschen ziemlich unmoralisch verhalten können. Viele Zen-Meister waren schon in Skandale verwickelt, vor allem in sexuelle. Ich stellte meinem Lehrer eine diesbezügliche Frage, und er zitierte mir eine Zeile aus einem Koan, die für mich schließlich zu einer der eindringlichsten Zen-Lektionen wurde: „Auch der erleuchtete Mensch entrinnt nicht dem Gesetz von Ursache und Wirkung." Das bringt mich zum Thema „Karma".

Im Unterschied zu anderen buddhistischen Traditionen interessiert sich das Zen kaum für vergangene und zukünftige Leben. Es ist schon Mühe genug, auf den jeweiligen Augenblick konzentriert zu bleiben, oder wie die Redensart sagt: „Warum auf deinen Kopf einen weiteren Kopf draufsetzen?" In diesem Zusammenhang verstanden, ist das Karma nichts anderes als das, was wir selbst in Bewegung gesetzt haben; ob nun im gegenwärtigen Leben oder in irgendeinem anderen, ist unerheblich. Worauf es ankommt, ist, daß wir die Folgen unserer früheren Taten im Jetzt leben. Daher kann es sein, daß wir uns aus Gründen, die uns rätselhaft vorkommen mögen, in jemanden verlieben, der/die uns „schadet", oder daß wir ein Dutzend Kinder haben usw. Die wunderlichen Einfälle des Karma sind grenzenlos; die chinesischen Philosophen beschreiben sie mit dem Bild eines juwelenbesetzten Netzes ohne Anfang und Ende. Wenn man versucht, es zu zerreißen, verheddert man sich in Begriffe über Zeit und Raum, die der eigene Geist produziert hat. Klingt das fatalistisch? Ich will darauf mit einem Zitat von einem meiner japanischen Zen-Lehrer antworten: „Wir bestimmen gegenwärtig ungefähr ein Viertel unseres Karma; die anderen drei Viertel sind durch unsere früheren Taten festgelegt. So kann es sein, daß wir spüren, uns droht ein Unfall, und wir gehen mit Hämmern und Sägen besonders sorgfältig um. Aber selbst das verhindert womöglich nicht, daß wir einen Finger verlieren." Oder, wie es ein moderner Wissenschaftler ausdrücken würde, wir sind das Produkt sowohl unserer Gene als auch unserer Umgebung.

Ich erkläre es mir mit dem Karma, daß David und Caroline trotz ihrer Verschiedenheiten schließlich heirateten und die Eltern eines Jungen namens Tom wurden.

Wie viele heutige Paare, die sich in erster Linie auf ihre berufliche Karriere konzentrieren, sahen David und Caroline ihre Arbeitskollegen öfter als einander. Weil David häufiger daheim war, fiel die Aufgabe, sich um das Kind zu kümmern und den Haushalt zu besorgen, weithin ihm zu. Carolines eigene Kindheitserfahrungen waren so bitter gewesen, daß auch sie von David umsichtige Zuwendung erwartete. Und da er es von klein auf gewöhnt war, sich fürsorglich um andere zu kümmern, erfüllte er diese Aufgabe und wurde sowohl seinem Sohn als auch seiner Frau ein guter Vater.

Im Rückblick mußte sich David eingestehen, daß er Caroline immer noch liebte und ihre Ehe nie beendet hätte, wenn sie nicht eines Tages heimgekommen wäre und ihm eröffnet hätte, sie habe sich in einen anderen Mann verliebt. Davids anfängliche Reaktion auf diesen Schlag war ganz ähnlich wie Matties Reaktion auf ihre Verstoßung durch ihren Vater. Er weinte. Er verstummte. Er reagierte auf die drohenden Auseinandersetzungen mit dem Ausbruch einer schon lange in ihm angelegten asthmatischen Krankheit. Am betreffenden Abend war ihm sogar der Gedanke gekommen, seine Sachen zu packen und nach Santa Fe zurückzukehren. Doch dann nahm er doch wieder die Haltung des Nicht-Wertens ein, die er von seinem Beruf her gewöhnt war, und wollte Caroline sich ganz aussprechen lassen. Er wurde sich der von Anfang an störenden Unterströmungen in ihrer Beziehung bewußt, an die er nie hatte rühren wollen, und jetzt ging David fast mit Erleichterung auf, daß jetzt schließlich der Augenblick gekommen war, vor dem er sich schon sieben Jahre lang gefürchtet hatte. Doch fühlte er sich verraten, als Caroline zunächst einverstanden gewesen war, daß Tom das Schuljahr mit ihm in Santa Fe verbringen und während der Sommerferien bei ihr leben sollte, jetzt aber forderte, der Junge müsse in New York bleiben. Diese Forderung nahm ihn gewaltig mit. Wann immer er sich jetzt auf sein Kissen zur Meditation begab, versank David in einem Sumpf der Verzweiflung. Er machte sich so große Sorgen, seinen Sohn ganz zu verlieren, daß er sich nicht mehr auf den Augenblick konzentrieren konnte.

David war gerade in der schwierigsten Woche der Verhandlungen um das Sorgerecht, als ihm einfiel, daß er ja für eine Gruppe zwölfjähriger Jungen einen Ausflug angesetzt hatte. Es war Juli in New York, heiß und gefährlich. Er hatte den Jungen versprochen, mit ihnen in eines der großen städtischen Bäder zu gehen, und da es eine lange Warteliste gab, war ihm klar, daß er diesen Termin nicht verschieben konnte. Und was noch wichtiger war, er wollte die Jungen nicht enttäuschen, von denen zwei Nichtschwimmer und voller Erwartung waren, von einem Champion Schwimmunterricht zu erhalten. So zogen sie also los.

Es war für die aufgeregten Jungen schon schwer genug, Schlange stehen zu müssen, aber die Sache wurde erst recht kritisch, als sich die erfahrenen Schwimmer von Davids Gruppe am hinteren Ende einer langen Warteschlange vor den Sprungbrettern fand. David war derart davon in Anspruch genommen, seine Aufmerksamkeit zwischen den

Nichtschwimmern im flachen Becken am einen Ende und den wartenden Jungen an den verschieden hohen Sprungbrettern aufzuteilen, daß er zum ersten Mal seit drei Monaten quälender Sorgerechtsverhandlungen sein Problem völlig vergaß. Er stand im ein Meter zwanzig hohen Wasser mit dem Arm unter dem Bauch eines wild um sich paddelnden Nichtschwimmers, als er aufschaute und Raphael sah, einen stämmigen Burschen mit glattrasiertem Kopf, der zuversichtlich winkend schon kurz vor der Treppe zum höchsten Sprungbrett stand. Raphael war einer der impulsiveren Jungen der Gruppe, und er hatte schon mindestens zwanzig Minuten lang gewartet, an die Reihe zu kommen, ohne sich zu beschweren. Um ihm zu zeigen, wie toll er seinen Geduldsbeweis fand, machte David Raphael das Daumen-hoch-Zeichen. Er hatte gerade die Übung mit seinem ersten Schützling beendet und wollte den zweiten ins Wasser geleiten, als er sah, wie ein älterer Junge Raphael den Weg abschnitt. Innerhalb weniger Sekunden waren die beiden Jungen von den anderen umringt, und es begannen sich zwei feindliche Parteien zu formieren.

David brachte die beiden Nichtschwimmer schleunigst aus dem Becken und wies sie an, auf die andere Seite hinüberzugehen und ihn am Sprungbrett zu treffen. Dann sprang er ins Wasser und schwamm auf die tiefe Seite. Raphael und der Eindringling standen sich immer noch gegenüber, als David aus dem Becken stieg, zu ihnen hinrannte und die Leiter zum Hochsprungbrett hinaufkletterte. Einer der Jungen zeigte auf David und stieß einen Schrei aus. Die überraschten Zweikämpfer schauten auf.

Der verstorbene zeitgenössische Zen-Laienlehrer Shin'ichi Hisamatsu hat seinen Schülern ein Koan anvertraut, das von vielen in allen möglichen Situationen angewandt wird und nichts von seiner Wirkung verliert: „Was immer du tust, tu's nicht. Was also tust du?" Es bringt sehr anschaulich Davids Situation ins Bild, der oben auf einem Hochsprungbrett steht und versucht, einen Zusammenstoß abzuwenden. In gewisser Hinsicht unterscheidet sie sich nicht sehr davon, daß man vor einem Zen-Lehrer sitzt, um mit ihm einen „Dharma-Streit" auszufechten, bei dem alle in der Meditationshalle zuschauen. Hisamatsus Nachfolger gebrauchen diese Form öffentlichen Koan-Austauschs, um vorzuführen, wie der erleuchtete Geist unter Streß arbeitet. Diese Übung dient dazu, den Betreffenden in eine „Krisenstimmung" zu versetzen und seine Fähigkeit zu testen, alles vollkommen loszulassen, alles, was ihm an sich selbst wichtig ist; sein öffentliches Image und seine persönlichen Ängste zu vergessen und einfach zu sein. Bei David gestaltete sich das jetzt folgendermaßen.

Zuerst machte er einen Handstand. Dann näherte er sich auf gefährliche Weise dem Ende des Sprungbretts und ging auf den Händen das Brett entlang. Das Schweigen von unten her bestätigte ihm, daß er die Aufmerksamkeit der potentiellen Kämpfer auf sich gezogen hatte. Dann ließ er sich wie Buster Keaton ganz trottelig umfallen, was von seiner rasch anwachsenden Zuschauerschaft mit einem einhelligen Aufkeuchen quittiert wurde. David mußte nicht eigens hinunterschauen, um zu wissen, daß er die Jungen abgelenkt hatte, denn sein Schaustellerinstinkt sagte ihm, daß jetzt aller Augen auf ihn gerichtet waren. Bald verzog sich sogar der Gedanke an die Jungen – an den Grund, weshalb er eigentlich hier oben war – in den wolkenlosen Himmel über ihm. Es war, als sei er wieder in der Tiefphase des zazen, die sich gewöhnlich (zumindest in der Zeit vor den Sorgerechtsstreitigkeiten) eingestellt hatte, nachdem er zehn Minuten lang auf seinen Atem geachtet hatte. Alle Selbstbewußtheit war verflogen. David konnte keinen Unterschied mehr zwischen seinem Körper und dem schweren, nassen Sprungbrett ausmachen, auf dem er wie ein Seiltänzer rollte und sprang, keinen Unterschied mehr spüren zwischen seinem eigenen Herzklopfen und den Ohs und Ahs und gelegentlichen Ausrufen der Menge da unten. Fügt man dem noch die akute Gefahr einer Schlägerei an einem feuchtheißen Sommertag hinzu, bei der einem gar keine Zeit zum Denken mehr bleibt, dann ist der Grund für selbstloses Handeln gelegt.

Indem er sich in diesem Augenblick auf dem Hochsprungbrett verlor, gelang es David nicht nur, die Schlägerei abzuwenden, sondern auch die Antwort auf sein „Koan aus dem wahren Leben" zu finden. Sie kam ihm mitten in der Luft, als er seine Vorführung mit einem Doppelsaltosprung abschloß. David wußte jetzt, daß er seine Phantasie, mit Tom nach Santa Fe zurückzuziehen, aufgeben mußte. Er würde in New York bleiben und sich mit dem geteilten Sorgerecht abfinden müssen; sonst würde er den Jungen in einen Zwiespalt bringen und ihn zu einem Leben wie demjenigen Seijos verurteilen. Er stieg aus dem Wasser, und als ihn seine jubelnden Heimjungen auf den Schultern trugen und hochleben ließen, kam ihm New York sogar gar nicht so schlecht vor als Ort, an dem er seinen Sohn aufziehen konnte.

TEIL II

Arbeit
Keichu verfertigt Wagen

Zen am Arbeitsplatz

Unsere Welt scheint sich mit halsbrecherischem Tempo zu
verändern, aber nichts ändert sich drastischer als die Art,
wie wir arbeiten. Solche, die das Glück haben, Vollzeitstel-
len zu finden, arbeiten auf Gebieten, die nur entfernt etwas
mit dem zu tun haben, worin sie ursprünglich ausgebildet
worden sind. Oder sie passen sich den ständig wandelnden
Bedürfnissen des Marktes an, wie mein erfinderischer
Freund, der theoretische Mathematik studiert hat und
dann esoterische Zahlentheorien dazu verwendet hat, Ak-
tien für gemeinnützige Investoren zu kalkulieren. Manche
haben alles an den Nagel gehängt, und einer zum Beispiel
betreibt jetzt eine winzige Brauerei. Vormals hochbezahlte,
erfahrene Handwerker sind plötzlich nicht nur arbeitslos,
sondern auch unvermittelbar. Diese Männer und Frauen
strömen in die staatlichen Umschulungskurse und hoffen,
sich für Berufe ausbilden lassen zu können, die in den High-
Tech-Industrien ohnehin schon überfüllt sind. Diejenigen
aus der mittleren Altersgruppe ziehen, wenn möglich, ihr
Pensionsalter vor; können sie das nicht, so sind sie gezwungen, zwei oder sogar drei Teilzeitjobs anzunehmen,
um ihre Miete bezahlen und etwas zu essen auf den Tisch
bringen zu können. Ich kann Ihnen aus meinen eigenen Erfahrung erzählen, wie bizarr die sich wandelnde Arbeits-
landschaft werden kann.

Nicht lange nachdem ich an der Columbia University meinen Doktortitel in vergleichender Literaturwissenschaft gemacht hatte, fand ich mich aus meiner normalen Berufslaufbahn geworfen, weil das College, an dem ich zunächst unterrichtete, verkauft und in eine Wirtschaftsschule umgewandelt wurde. Ich wandte mich wieder an das Stellenvermittlungsbüro der Universität, und man sagte mir nicht unfreundlich: „Meine Liebe, sie sind wie eine Zimbel: ein seltenes und schönes Instrument, aber völlig überholt." Wie die meisten Amerikaner möchte ich stolz darauf sein, etwas Nützliches für die Gemeinschaft zu leisten, und so können Sie sich vorstellen, wie schlimm ich mich fühlte, als ich das hörte. Als Optimistin, die ich immer gewesen bin, eilte ich zur nächstbesten kommerziellen Stellenvermittlungsagentur und wedelte mit meiner langen Liste von Publikationen und Unterrichtszeugnissen. „Immerhin, Sie können maschineschreiben", war das erste, was ich zu hören bekam. Als ich protestierte, ich wolle nicht bloß maschineschreiben, sondern unterrichten, sagte man mir, am besten würde ich mich für einen Job in der Wirtschaft umschulen lassen; zunächst aber sollte ich lernen, wie man sich selbst vermarktet.

Es liegt mir ganz und gar nicht, irgend etwas zu verkaufen, und erst recht nicht mich selbst, und so sperrte ich mich hartnäckig dagegen. Ich brauchte einige Jahre, bis ich schließlich mehrere Teilzeitjobs miteinander verkoppelte und eine Art akademischer Zigeunerin wurde. Ich merkte, daß ich nicht länger den Luxus genießen konnte, in einem Ganztagsjob zu arbeiten, der mir Freude machte, und daß der Umstand, Amerikanerin zu sein, keine Garantie dafür war, daß ich das finden würde, was meine Beratungslehrerin an der High School die „Erfüllung im Beruf" genannt hatte.

Mit Ausnahme einer kleinen Minderheit müssen sich allzuviele von uns mit Jobs abfinden, die viele Arbeitsstunden erfordern und wenig einbringen. Wir werden mit Aufgaben beschäftigt, die wir stressig ooder langweilig finden, und dabei spielt es keine Rolle, wie groß unser Talent, wie gut unsere Ausbildung oder wie tief unsere Spiritualität ist. Ob uns das paßt oder nicht, wir befinden uns jedenfalls heute in dieser Situation.

KAPITEL VIER

Seinen Lebensunterhalt richtig verdienen

Zen ist eng mit Arbeit verbunden und vorzüglich mit schwerer körperlicher Arbeit. Hyakujo, einer seiner ehrwürdigen chinesischen Gründer, war bekannt dafür, daß er sich weigerte, etwas zu essen, wenn seine Mönche ihn wegen seines hohen Alters daran gehindert hatten, auf den Feldern des Klosters zu hacken. Hyakujos Maxime war: „Ein Tag ohne Arbeit, ein Tag ohne Essen." Das wurde zum festen Grundsatz des Zen-Lebens sowohl innerhalb wie außerhalb des Klosters. Tatsächlich ist das Bild, das man sich vom erleuchteten Menschen macht, nicht das eines zum Skelett abgemagerten Eremiten, der allein in der Wildnis sitzt, sondern der Erleuchtete sieht eher aus wie der Mann, der in der berühmten Zen-Bilderfolge von der *Suche nach dem Ochsen* dargestellt ist: ein dicker, fröhlicher Bursche, der „den Marktplatz mit geschenkverteilenden Händen betritt". Und man darf fest damit rechnen, daß die Geschenke, die er verteilt, die Frucht seiner eigenen harten Arbeit sind.

Die Einstellung des Zen zur Arbeit entspricht ganz wunderbar unserer protestantischen Arbeitsethik. Doch anders als der Protestantismus, der vertritt, für redliche Arbeit winke ein Lohn im Himmel, betrachtet man im Zen die selbstlose Hingabe an die Arbeit als etwas an sich Lohnendes. Schon hier und jetzt ist jede Arbeit, die man ausführt, ohne sich Sorgen über den Ertrag zu machen, Erleuchtung in Aktion. Wenn man einfach Karotten schneidet und das um dieser Arbeit selbst willen tut, ist das ein kreatives Tun voller geheimnisvoller Tiefe. Man könnte einwenden: Na gut, das mag für den Zen-Mönch stimmen, aber was ist mit dem Chef der Salatküche, der im hektischen Betrieb eines Restaurants in Tokio oder Chicago Karotten schneidet? Oder wie ein amerikanischer Freund von mir, der seinen Lebensunterhalt mit Englischunterricht in Japan verdient, schreibt: „Während des Meditierens hochkonzentriert zu sein, ist eine wunderschöne Sache, aber wie übertragen wir diese Zen-Geisteshaltung auf unsere Arbeit?" Obwohl ganz anders formuliert, stellt mein Freund die gleiche Frage wie diejenige, um die es in dem Koan „Keichu verfertigt Wagen" geht:

Ein alter chinesischer Meister namens Gettan sagt zu einem Mönch: „Keichu der Handwerker hat hundert Wagen verfertigt. Müßte er Räder und Achse entfernen, was würden wir sehen?"

Gewiß möchte kein Handwerker etwas verfertigen, um dann nur mitzuerleben, daß es wieder auseinandergenommen wird. Aber Meister Gettan spricht nicht davon, daß man die Erzeugnisse unserer Mühen zerstört. Er stellt eine Zen-Frage bezüglich der Anhänglichkeit an unsere Schöpfungen und spielt auf unser Bedürfnis an, den Dingen unsere Signatur aufzudrücken, ganz zu schweigen von dem Schmerz, den es uns bereitet, wenn wir nicht dafür anerkannt werden. Mit anderen Worten heißt das also: Wie äußert sich diese Zen-Übung der Selbstlosigkeit in der Praxis des Berufslebens?

Beleuchten wir ausgehend von dieser Frage unsere alltäglichen Aktivitäten in der weltlichen Welt, wo im Betrieb ein Geist der Rivalität herrscht und im Büro die

Gerüchteküche brodelt, und konzentrieren wir uns genauer auf zwei Menschen, die Zen an ihrem Arbeitsplatz anwenden. Sagen wir, der Keichu von heute ist ein Agraringenieur, der von einer Staatsuniversität angestellt und den frustrierenden Ein-Mann-Auftrag hat, ein Computermodell für das Züchten organischer Tomaten zu entwickeln. Nehmen wir ferner an, er sei zugleich ein begeisterter Gärtner, der davon träumt, seinen Job aufzugeben und eine organische Farm aufzubauen. Kann das Zen ihm helfen, seinen ausgeprägten Sinn für bürgerliche Pflichterfüllung und seine intellektuelle Wißbegier mit dem Wunsch zu vereinbaren, das alles für ein einfaches Leben aufzugeben? Oder vielleicht ist der Keichu von heute eine Frau von der Lohnbuchhaltung, eine stille, in sich gekehrte Person, die ständig kurz mit den unterschiedlichsten Leuten zu tun hat. Nehmen wir an, der einzige kameradschaftliche Moment in ihrem Büro ergibt sich zwischendurch an der Kaffeemaschine, und weil Keichu sich nicht am Klatsch beteiligt, haben die Leute angefangen, sie mit dem Etikett einer Einzelgängerin zu versehen. Was kann da Zen bewirken, um ihre Beziehung zu ihren Mitarbeiterinnen zu verbessern?

Jetzt soll also geschildert werden, wie zwei heutige Keichus mit ihren Problemen am Arbeitsplatz umgegangen sind.

KOAN AUS DEM WIRKLICHEN LEBEN
Patak schneidet Zweige ab

Patak wurde in Bangkok als mittlerer Sohn eines thailändischen Zivilingenieurs und einer amerikanischen Biologin geboren. Als er vierzehn war, starb seine Mutter, und er und sein Bruder und seine Schwester wurden von Verwandten in Philadelphia aufgenommen. Da Patak in einer Wissenschaftlerfamilie aufwuchs (sein älterer Bruder wurde Physiker, seine Schwester Molekularbiologin), hatte er keine Schwierigkeiten damit, seine wissenschaftlichen Neigungen mit der fernöstlichen Spiritualität seiner frühen Kindheit zu verbinden. Er entschloß sich, in der Nähe seiner Tante und seines Onkels zu bleiben, und immatrikulierte sich an der Universität von Pennsylvania. Nachdem er seinen Magisterabschluß in Agrartechnik erworben hatte, nahm er eine Stelle als Forscher in einem Zweig der staatlichen Universität an, die für ihre progressive Agrarabteilung bekannt war.

Obwohl alle drei Kinder die gleiche Zuneigung erfuhren, standen sich Patak und seine Tante besonders nahe, und das dank ihrer gemeinsamen Leidenschaft für das Gärtnern. Ihr Gemüsegarten, den sie gemeinsam mitten in der Stadt unterhielten, war so ertragreich, daß er eine Sehenswürdigkeit der Wohngegend wurde und sogar die Aufmerksamkeit der lokalen Zeitung auf sich zog. Pataks Tante erklärte einem Reporter, als Quäkerin habe sie kein Interesse, öffentlich bekannt zu werden, sondern sie wolle lieber in Ruhe etwas für die Gemeinschaft tun. Beim Anhören ihres Interviews kam Patak die Idee, das örtliche Obdachlosenheim mit selbstgezogenem Gemüse zu beliefern. Er erzählt lachend, das sei der Beginn seiner Laufbahn als Grassroot-Aktivist gewesen.

Schon als Student entdeckte Patak auf einem dreitägigen Seminar seine Neigung zum Zen und nahm von dort ein Flugblatt mit, das die Zeiten gemeinsamen Sitzens einer örtlichen Gruppe angab. Von dem Augenblick an, da er das zendo (die Meditationshalle) betrat und sich auf das Kissen setzte, wußte er, daß er seine spirituelle Heimat gefunden hatte. Die Konzentration fiel ihm leicht, obwohl er ein Pro-

59

blem mit seiner Wirbelsäule hatte, das ihm körperlich Mühe machte, lange Zeit reglos zu sitzen. Weil die Laiengruppe jedoch mehr Wert auf die Meditation als auf körperliche Ausdauer legte, erlaubte man ihm, von seinem Sitzkissen auf einen Stuhl zu wechseln, wenn seine Schmerzen beim Sitzen zu groß wurden.

Hier scheint ein Wort über die physische Seite des Zen angebracht zu sein. Meine eigenen Sitzerfahrungen umfassen eine ganze Reihe von Stilen, von extrem brutalen bis zu geradezu einschläfernden. Es ist mir nicht immer leichtgefallen, das rechte Maß zu finden, vor allem bei älteren Ruheständlern und Berufstätigen in den Dreißigern oder Vierzigern, die oft erst zum Zen gefunden hatten, nachdem sie jahrelang nach einer Möglichkeit gesucht hatten, in ihrem umtriebigen Leben eine tägliche Meditationszeit unterzubringen. Manche hatten nicht behebbare körperliche Mängel, manche waren schwanger; mit anderen Worten, die Zen-Übung im Westen mußte an eine neue Art von geistlich Suchenden angepaßt werden. Glücklicherweise sind für körperlich angeschlagene Schüler wie Patak sanftere Weisen, sich in Meditation zu üben, ohne die Disziplin zu opfern, üblich geworden.

Nachdem er zwei Jahre lang fruchtbar Zen geübt hatte, stellte Patak fest, daß er mit den anderen Mitgliedern seiner Forschungsgruppe nicht mehr zurechtkam. Sie hatten ein Computermodell für eine Tomate entworfen, die ihre knackige Frische behielt, und er hatte vorgeschlagen, in das Modell ein organisches Programm einzuführen. Zunächst trug er diesen Vorschlag nur behutsam vor, aber nachdem man ihn gar nicht wahrgenommen hatte, wurde er deutlicher. Daraufhin wollten die anderen rundweg nichts von seinem Modell wissen. Da er keinen Streit stiften wollte, steckte er zurück. Doch aus seiner Erfahrung als Gärtner wußte Patak, daß es nicht nur wissenschaftlich unsauber, sondern auch ethisch falsch war, ein untragbares agrarisches Kunstprodukt herzustellen. Er war sich sicher, daß sein Team schließlich eine billige nicht welkende Tomate würde herstellen können, aber um welchen Preis für die Langzeit-Gesundheit unseres Planeten? Diente seine Arbeitskraft mehr der Profitsteigerung der Kunstdüngerindustrie und der Herstellung künstlicher Pflanzen als der Erhaltung der Erde und dem „Erhalt der vielen Wesen"? Eindeutig eher dem ersteren. Andererseits war er froh, auf seinem Gebiet einen guten Job gefunden zu haben, und dazu noch einen intellektuell befriedigenden. Zudem hatte er vor, näher zur Universität zu ziehen, an der er arbeitete; er hatte bereits Anzahlungen für eine Eigentumswohnung gemacht und wollte diese Investition nicht aufs Spiel setzen. So saß Patak jeden Abend während der anderthalbstündigen Fahrt zurück nach Philadelphia da und zerbrach sich den Kopf, was er tun sollte.

Patak, der Idealist, eröffnete gewöhnlich das innere Zwiegespräch mit dem Hinweis auf das buddhistische Prinzip des richtigen Broterwerbs (indem man seinen Lebensunterhalt verdiente, ohne jemandem zu schaden), und er tadelte Patak, den Gemeinen, daß er so selbstsüchtig sei. In der Hoffnung, den Konflikt zu stillen, versuchte er zu meditieren, was sich jedoch nicht als besonders guter Einfall herausstellte, weil er dabei oft einschlief. Er beschloß, das Problem mit einem Freund aus seiner Zen-Gruppe zu besprechen, der ebenfalls Wissenschaftler war. Beide stellten einhellig fest, daß es nicht möglich sei, in der Welt der Technologie und Hardware zu arbeiten, ohne ein ganzes Stück vom buddhistischen Ideal des richtigen Broterwerbs aufzugeben. Sein Freund machte Patak klar, daß er, da er eine Laufbahn als Wissenschaftler eingeschlagen habe, die

61

Vorstellung aufgeben müsse, er könne sich schlicht vom Holzhacken und Wasserholen ernähren. Und was die Ethik anging, waren da nicht sowohl Zen wie Wissenschaft stolz darauf, „desinteressiert" zu sein? Doch das überzeugte Patak nicht. Er war sich sicher, daß seine Zen-Übung, seine ethischen Grundsätze und sein Beruf nicht unvereinbar miteinander waren; er hatte nur noch nicht den Weg gefunden, alles unter einen Hut zu bringen. So schien es jetzt vor allem darum zu gehen, sich hinzusetzen und sich einen logisch sinnvollen Plan zurechtzulegen.

Das logische Denken mag angebracht sein, um wissenschaftliche Probleme zu lösen, doch wendet man es auf spirituelle Fragen an, so kann es nach Auffassung des Zen nur in Sackgassen führen. Oder, um meinen Künstlerfreund aus Japan zu zitieren: „Es kommt nicht in erster Linie darauf an, zu wissen, was man tun soll, sondern zu wissen, was man nicht tun soll." Unser Geist ist ständig auf das Tun fixiert und sucht unablässig nach Möglichkeiten, Angenehmes zu schaffen und Unangenehmes zu vermeiden. Wir suchen immer nach bequemen Räumen; das ist eine normale Funktion des dualistischen Geistes. Aber das Denken in Gegensätzen ist nur die eine Seite der Geschichte. Die Meditation offenbart, daß der Geist viele verschiedene Schichten hat, von denen wir gar nicht wußten, daß sie uns zugänglich sind. Aus diesem Grund versucht das zazen nicht, das Bewußtsein zu verändern, sondern es will uns das erschließen, was ein zeitgenössischer koreanischer Zen-Lehrer als unseren „Don't know mind" („Weiß-ich-nicht-Geist") bezeichnet hat. Der Weg dahin ist alles andere als bequem. Das soll nicht heißen, daß wir ständig in einem Zustand der Nichtwissenheit herumlaufen sollen. Bei der Gewohnheit, mich hier zu sehen und mein Problem da draußen vor mir, handelt es sich um einen natürlichen

Reflex; auf diese Weise arbeitet unser Intellekt. Ihm verdanken wir Errungenschaften wie Radar, Recycling und Schutzimpfungen. Problematisch wird die Sache, wenn wir nur noch reflektiert handeln, weil wir ganz im Bann unserer Gewohnheit stehen, jeden Augenblick zu zerpflücken, statt mit ihm eins zu werden.

Das zazen eröffnet uns die Möglichkeit, die Welt mit ganz anderen Augen zu sehen und ganz anders in ihr zu sein, indem es unsere Aufmerksamkeit auf unseren Atem lenkt und unseren geschäftigen Geist zur Ruhe kommen läßt. Aber selbst wenn man zu diesem „Weiß-ich-nicht-Geist" erwacht, hört damit die Spannung nicht auf. Wir balancieren ständig über ein Hochseil und erreichen nie endgültig das vollkommene Gleichgewicht. Neigt man sich zu stark auf die Seite des unterscheidenden Geistes, so wird man zum „Opfer der Umstände". Neigt man sich der inneren Distanz zu, so schirmt man sich gegen das Leben ab. Letzteres tat unglücklicherweise Patak. Er sagte sich: „Alles geht sowieso vorbei, und folglich ist es gleichgültig, was ich mache", und damit ersparte er sich eine Entscheidung und ließ sich einfach treiben. Hier folgt ein Koan, bei dem es um einen ähnlichen Konflikt geht.

Der altchinesische Zen-Meister Tokusan begann als berühmter Schriftgelehrter, der mit seinem Bündel Schriften auf dem Rücken das ganze Land durchwanderte und Scharen von Menschen durch brillante Vorträge über den Buddhismus in seinen Bann schlug. Aber sein Geist war nicht wirklich im Frieden. So ging er zu einem Zen-Lehrer namens Ryutan. Nach einer langen Aussprache bemerkte Ryutan, es sei sehr spät geworden, und er schlug vor, sein Gast möge sich schlafen legen. Als er Tokusan in die Finsternis hinausgeleitete, zünde-

te *Ryutan eine Kerze an, blies diese aber auf der Stelle wieder aus. Dadurch wurde Tokusan jäh erleuchtet. Am nächsten Tag packte er vor den Augen aller Mönche seinen ganzen Stapel gelehrter Schriften zusammen und verbrannte sie.*

Auf den ersten Blick scheint die Aussage dieses *Koan* darin zu bestehen, daß man sein ganzes begriffliches Denken aufgeben muß, um für den Augenblick zu erwachen, und auf einer bestimmten Ebene ist das auch richtig. Doch müssen wir davor auf der Hut sein, die Welt der Formen ganz zu leugnen und uns so aus unserer Verantwortung zurückzuziehen.

Für Patak ergab sich schließlich die Möglichkeit, tiefer in das Koan seines Lebens einzudringen, ganz überraschend: Sein krank gewordener Vater rief ihn nach Thailand. Nachdem er sich mit seinem Bruder und seiner Schwester über den Besuch beim Vater abgesprochen und sich wegen des Notfalls von seiner Arbeit hatte beurlauben lassen, kam Patak als erster in dem kleinen Dorf an, wo sein Vater den Ruhestand verbrachte. Sein letzter Besuch lag vier Jahre zurück, und in diesem „Entwicklungsland" wäre eigentlich genug Zeit gewesen, einiges zu ändern, aber Patak war geschockt, als er das Haus im Verfallszustand antraf und die Felder schon halb wieder vom Dschungel zurückerobert waren. Am Telefon hatte sein Vater versucht, den Ernst seines Herzanfalls herunterzuspielen; doch ein Blick auf den verkommenen Orangenhain und die Schlaglöcher in der Einfahrt seines normalerweise sehr umsichtigen Vaters genügte, um ihm anzuzeigen, wie schlimm die Lage in Wirklichkeit war. Und da Patak der einzige Unverheiratete war (sein Bruder und seine Schwester waren beide verheiratet und hatten Kinder), wußte er, daß die Aufgabe, hierzubleiben und seinen Vater zu versorgen, ihm zufiel.

Der weite Abstand und die Erfordernisse seiner neuen Rolle ließen Pataks berufliches Problem zwar weniger akut erscheinen, aber es war dennoch nicht aus der Welt. Wie ein altvertrauter Zahnschmerz, der durch die Gewöhnung abgestumpft ist, kam es ihm allerdings immer dann hoch, wenn er zur Ruhe fand oder meditierte. Doch sein Meditieren hatte jetzt im Vergleich zu seinen bisherigen Krisen auf seinem Sitzkissen daheim, im zendo oder im Zug etwas qualitativ anderes an sich, seit er sich für das Sitzen einen Tagesplan eingerichtet hatte, der harmonischer den Rhythmen seiner Alltagsverrichtungen entsprach. Wenn er sich dem natürlichen Fluß der Notwendigkeiten überließ – seinen Vater versorgte, Mahlzeiten zubereitete, das Haus reinigte –, war das, als wäre er bei einem lang andauernden sesshin, einer Einkehrzeit für die Meditation, wo die Grundtätigkeiten wie Arbeiten, Schlafen, Essen und Baden auf das Wesentliche reduziert sind. Nach und nach verlor er sich völlig in dem, was ein amerikanischer Zen-Lehrer als „das Werk des Augenblicks" bezeichnet hat. Indem er die Dinge um ihrer selbst willen tat, ohne auf ein Ziel darüber hinaus gespannt zu sein, wurde ihm jede Regung zum Ausdruck der Meditation in Aktion. Er mußte sich gar nicht anstrengen, daß sich das ereignete. Aber der Umstand, daß er intensiv und elementar lebte, konsequent saß und hart arbeitete, trug sicher maßgeblich dazu bei. In dieser Verfassung der Offenheit war Patak schließlich fähig, sein lang anhaltendes berufliches Dilemma zu lösen.

Er hatte damit begonnen, das Gelände um das Haus in Ordnung zu bringen, und sein Vater ermutigte ihn dazu, einige Dorfleute anzuheuern und mit ihnen zusammen den Orangenhain vor dem Verfall zu retten. Von einem der

Männer in der Mannschaft erfuhr Patak, daß sein Vater, bevor er krank geworden war, vorgehabt hatte, sein Land den Dorfbewohnern zu übergeben, damit sie darauf eine Gemeinschaftsfarm einrichteten. Das Dorf Tankharn hatte einst über sehr fruchtbaren Boden verfügt und Regen in Fülle gehabt, aber es war den Folgen der Erosion zum Opfer gefallen, weil man rücksichtslos die umliegenden Teakholzwälder gerodet hatte. Angesichts der Armut und Hoffnungslosigkeit um sich herum hatte Pataks Vater seine Ingenieurserfahrung anbieten wollen, um etwas anzustoßen, aus dem schnell eine Umweltbewegung werden sollte.

Patak schnitt gerade tote Zweige im Orangenhain ab, als ihm der Mann das erzählte. Er schwitzte. Eine Wolke verdeckte die Sonne. Ein grüngelber Vogel mit langem Schwanz beobachtete ihn von einem nahe stehenden Baum aus. Er hob die Hand, um sich den Schweiß von der Stirn zu wischen, und plötzlich – und völlig unerklärlich – nahm er wahr, daß er, der Mann, der Vogel und der Orangenhain in der Wolke verschwunden waren! In diesem Augenblick wußte Patak, daß der Weg, den er einschlagen würde, ihn nicht in die USA zurückführen würde. Hier, im Garten seines Vaters, hatte er endlich seinen Platz gefunden. Er würde in Thailand bleiben, um mitzuhelfen, das Land zu regenerieren, ganz gleich, wie lange das dauern würde. Das hieß natürlich, daß er seine Stelle kündigen mußte. Doch mit einer geradezu fühlbaren Gewißheit wußte Patak, daß er die richtige Entscheidung getroffen hatte. In diesem Augenblick des Nichts-mehr-Wissens hatte sich die Richtung, die sein Leben nehmen sollte, selbst angemeldet. Als die Wolke vorübergezogen war und die Sonne wieder hervorkam, sah Patak, daß alles wieder da war. Nur war er jetzt von einer eigenartigen Leichtigkeit erfüllt, einem zuvor nie gekannten Gefühl der Befreiung und einer überwältigenden

Freude. Er schaute auf die Uhr, sah, daß Mittagszeit war, rief den anderen zu, Mittag zu machen, und kehrte ins Haus zurück, um seinem Vater zu sagen, daß er ganz dableiben werde.

Im Gefolge dieser Entscheidung empfand er eine neue geistige Weite. Patak bemerkte in den Tagen danach, daß sein Leben nicht mehr auf eine starre Anordnung einander widerstreitender Fakten fixiert war; alles kam ihm flüssig und leicht vor. Er fühlte sich nicht einmal unbedingt an die Entscheidung gebunden, ganz in Thailand zu bleiben. Doch setzte diese neugefundene Flexibilität Patak nicht zur Unverbindlichkeit frei, sondern zu kreativer Offenheit für Veränderungen. Wenn er jetzt etwas entscheiden mußte, konnte er das tun, ohne sich eine ganze Menge sorgenvoller Gedanken um negative Folgen zu machen. Er konnte sich frei mit dem wechselnden Kurs der Ereignisse fortbewegen, statt sich ständig gegen sie zu stemmen. Als zehn Jahre danach sein Vater starb, hatte Patak deshalb keine Schwierigkeiten damit, wieder eine dramatische Kehre in seiner Laufbahn zu vollziehen, in die USA zurückzukehren und dort Vorlesungen über dörfliche Subsistenzwirtschaft auf organischer Basis in Thailand zu halten. Als Autor eines Buches über alternative Formen der Landwirtschaft war er zu einem gesuchten Neuerer im Bereich der „grünen Revolution" geworden, und er nahm sogar das Angebot einer Gastprofessur an der gleichen Universität an, die zehn Jahre zuvor seine Ideen verworfen hatte.

Patak teilt jetzt seine Zeit auf zwischen seinen Vorlesungen in den USA und der Arbeit auf seiner Farm im Dorf Tankharn. Alle diese Jahre machte er die Sitzübung für sich allein (und er sagt, ohne seine Zen-Freunde sei das nicht immer einfach gewesen), und derzeit ist er für mindestens sechs Monate wieder in Pennsylvania und hat sich wieder

seiner Gruppe angeschlossen. Das letzte Mal habe ich ihn
auf einer fünftägigen Einkehrzeit in den Poconos getroffen.
Er hat sich als Freiwilliger für das Kochen gemeldet. Wie zu
erwarten, bestanden die Mahlzeiten aus Vollwertkost und
schmeckten köstlich.

KAPITEL FÜNF

Wenn man sich gegenseitig aufreibt

Ist Ihnen schon aufgefallen, daß Sie bei neun von zehn Malen bei der Arbeit genau auf den Menschen stoßen, dem sie eigentlich aus dem Weg gehen wollten? Sie haben vielleicht gerade Ihren Traumjob gefunden, und dann stellt sich heraus, daß Sie und Ihre Mitarbeiter überhaupt keinen Draht zueinander finden, oder noch schlimmer, daß Sie überhaupt nicht miteinander auskommen. Schon der Buddha hat bemerkt, daß unser Talent, uns gegenseitig aneinander aufzureiben, eine Hauptursache für das menschliche Leiden ist. Aber was können wir auch anderes erwarten, wenn Habgier, Haß und Dummheit geradezu der Motor unserer Produktion sind? Es ist schon schwer genug, die Kluft zwischen uns und den uns ganz nahestehenden Menschen zu überbrücken; da kann man sich vorstellen, wie schwierig es erst ist, im Geschäft Selbstlosigkeit gegenüber Menschen zu üben, die man nicht einmal mag! In gruppenorientierten Gesellschaften wie der japanischen ist das kein großes Problem. Jahrhundertelang wurde das Zen dazu benutzt, die Menschen an die Regeln anzupassen, die ihnen ihre soziale Oberschicht vorgab, und diese Oberschicht sind heute die Wirtschaftsbosse. Aus diesem Grund macht es japanischen Angestellten nichts aus, bei der Arbeit die Betriebsuniform zu tragen und gemeinsam die Hymne auf den Betrieb zu schmettern, ehe sie sich ans Fließband stellen oder vor den Computer setzen. Wollte man das einer Gruppe Amerikaner zumuten, dann wäre die flammende

Rebellion entfacht, noch ehe man die Liedblätter alle ausgeteilt hätte. Ich will mich jedes Urteils darüber enthalten, welches die bessere Einstellung gegenüber der Arbeit ist, und hier nur sagen, daß die japanische Art sich mehr an die traditionelle Zen-Disziplin hält, wenn sie die Selbstlosigkeit und Harmonie höherstellt als das Ideal, „das zu tun, was einem selbst liegt". Der Anpassungsdruck im Westen mag subtilere Formen haben, aber es gibt ihn auch hier. Gewöhnlich wird er mit Werbeslogans wie „die ganz persönliche Note" verschleiert, und damit wiegt man uns in der Illusion, wir würden einen Akt der Emanzipation setzen, wenn wir eine bestimmte Marken-Unterhose kaufen.

Unlängst habe ich mir im Fernsehen eine Sendung über Arbeitskleidung angeschaut. Ein Modeberater unterwies Leute, die zu einem Vorstellungsgespräch gehen wollten, darin, wie wichtig es sei, die Art Kleidung zu tragen, die dem betreffenden Beruf entspreche. Als es um das Kleid einer jungen Frau ging, die sich bei einer Werbeagentur vorstellen wollte, meinte er, sie sollte sich ein etwas „spritzigeres" und individualistischeres Aussehen geben, da sie sich um eine Stelle bemühe, bei der es um Kreativität gehe. Dagegen riet er zum Beispiel Leuten, die in Rechts- und Finanzbüros arbeiten, eher konservative Kleidung zu tragen, statt sich auffallend zu kleiden. Diese Sendung gab mir zu denken. Wie steht es bei uns mit der Konformität, und wie weit müssen wir gehen, um uns an die Maßstäbe des heutigen Marktgeschehens anzupassen? Geht es vielleicht im Grunde genommen gar nicht nur darum, sich an ausdrückliche oder unausgesprochene Codes zu halten? Ist das womöglich nur der Anfang des Versuchs, die Person, die in der Kleidung steckt, umzumodeln?

Hier ist schon viel darüber gesagt worden, daß man sein Selbst verlieren muß, um für seine wahre eigene Natur zu erwachen. Das kann als Grundvoraussetzung der Zen-Erfahrung gar nicht stark genug betont werden. Aber darüber dürfen wir nicht vergessen, daß das Gesicht, das wir im Spiegel sehen, keine Illusion ist, mag es auch noch so vergänglich sein. Eine der Fragen, die die Menschen häufig zur Zen-Übung führt, lautet: „Wer bin ich?" Gewöhnlich haben sich diese Menschen diese Frage schon von Kindheit an gestellt und waren nicht in der Lage gewesen, eine zufriedenstellende Antwort darauf zu finden, nicht einmal nach Jahren psychotherapeutischer Behandlung. Bei manchen bricht die Frage „Wer bin ich?" in Form einer massiven Identitätskrise während der Adoleszenz auf. Sind wir jedoch Erwachsene, so überdecken wir diese Frage mit einer ganzen Menge von Etiketten: Ich bin Arzt, ich bin katholisch, ich bin Mutter, ich bin Einzelgänger und so weiter und so fort. In unserer Gesellschaft läßt sich das Erwachsensein so umschreiben: Stell nicht viele Fragen, sondern mach mit deinem Leben weiter. Das ist der Grund dafür, weshalb so viele Zen-Schüler, die ich kenne, Doppelleben führen; von ihren Zen-Übungen sagen sie ihren Chefs, Eltern und Bekannten nichts. Viele Amerikaner betrachten das Meditieren als eine Ablenkung vom vernünftigen Arbeiten – es sei denn, man meditiere aus gesundheitlichen Gründen –, als Zugeständnis an die Moden der New-Age-Bewegung oder als Reaktion auf die Midlife-Krise. Besonders hart urteilen so Menschen in der Lebensmitte, die viele Jahre lang ihre spirituellen Bedürfnisse und die Züge ihrer individuellen Persönlichkeit tief unter der Rolle vergraben haben, die sie in der Arbeitswelt spielen.

KOAN AUS DEM WIRKLICHEN LEBEN
Melanie kocht Tee

Zur Zeit, als sie zum Zen fand, hatte Melanie bereits fünf
Jahre lang vergeblich versucht, sich auf eine Gruppe einzulassen, die eine ziemlich ausgeprägt gottesdienstliche Form
christlicher Kontemplation übte. Erst vor kurzem verwit-
wet, war sie fünfzig, als sie in einer privaten Buchhaltungs-
firma kündigte und eine Stelle als Lohnbuchhalterin in einer Vorstadt von Boston annahm. Da sie entschieden kein
liturgisch ausgerichteter Mensch war, ließ sich Melanie
von den positiven Aspekten ihrer Erfahrung mit der Kontemplation dazu bewegen, weiter nach einer spirituellen
Praxis herumzusuchen, die ihr mehr entsprach. Als sie
schließlich das Zen kennenlernte, fühlte sie sich von dessen Einfachheit und Intensität unmittelbar angezogen. Seine Disziplin entsprach ihrer eigenen methodischen Art;
gleichzeitig paßte seine verrückte Spontaneität zu ihrem
untergründig wilden Zug. Sie ist eine sehr gute Kajak- und
Skifahrerin und Kletterin, eine schlanke, durchtrainierte
Outdoor-Frau, die ihre Ferien so gestaltet, daß sie ihr Auto
vollpackt, quer durchs Land fährt und unterwegs allein in
den Bergen kampiert. Das alles versteckt sie jedoch hinter
dem steifen Äußeren einer grauhaarigen Geschäftsfrau aus
New England. Melanie legt auch großen Wert auf das Al-
leinsein, weshalb sie das Schweigen der Zen-Übung sehr
kostbar findet. Sie verfügt über die Art sturer Hingabe, die
man braucht, um während einer langen Meditations-Ein-
kehrzeit sitzen zu bleiben, selbst wenn man sich langweilt,
müde und wütend ist oder sich wünscht, der Tag wäre vorbei und man könnte sich ins Bett fallen lassen und schlafen. Der Umstand, fünfundzwanzig Jahre lang während der
Wochen vor der Abgabe der Steuererklärung konzentriert

täglich achtzehn Stunden gearbeitet zu haben, hatte zweifellos das seine dazu beigetragen. Wie dem auch sei, jedenfalls schienen Melanie und das Zen wie füreinander geschaffen.

Im New Yorker erschien einmal eine Karikatur, die eine Gruppe kahlköpfiger, schwarzgekleideter Mönche zeigt, die in einer Reihe bei der Meditation sitzen. Einer von ihnen flüstert heimlich in ein Mobiltelefon: „Das bringt mir überhaupt nichts." Damit wird, auf ein importiertes kulturelles Klischee gestützt, recht gut veranschaulicht, daß man allgemein glaubt, das zazen sei nur etwas für Introvertierte; wer sich darin eintrainiert habe, spiele die harte, starre Rolle des Samurai, um damit seinen eigenen Mangel an Flexibilität zu rechtfertigen. Dabei wird Selbstbeherrschung mit Versunkenheit verwechselt, und die Hingabe an das Üben wird zur Entschuldigung, sich andere vom Leib zu halten. Die zwiespältige Einstellung unserer Kultur zum Privaten verstärkt dieses Problem nur noch. Wir führen uns vor dem Fernsehgerät zu Gemüte, wie Menschen ihr Innerstes offenlegen und sich zu den abscheulichsten Verhaltensweisen bekennen; wir besprechen unsere finanziellen Probleme mit Fremden in der Umkleidekabine; und kaum sind wir irgendwo neu eingezogen, schaut schon unser Nachbar vorbei und überschüttet uns mit intimen Einzelheiten über seine Ehen und Scheidungen und ermutigt uns, das gleiche zu tun. Doch zur gleichen Zeit machen wir lauthals unser Recht auf Privatsphäre geltend. Vielleicht ist es nicht eigentlich die Privatsphäre, sondern der Privatbesitz, worauf wir vor allem Wert legen. Hier scheinen wir Amerikaner unseren Trennungsstrich zu ziehen. Beobachten Sie nur, wie sich das freundliche Lächeln Ihres Nachbarn sofort in ein bedrohliches Grinsen wandelt, wenn Sie Ihr Auto zu nahe an seiner Einfahrt parken. Eine weitere heikle Privatsache ist für Amerikaner ihre Religion, wie Melanie bald entdecken mußte.

Da sie so starken Wert auf ihr privates Dasein legte, war es einzig Melanies ausgeprägt „wilder" Zug, was sie davon abhielt, das zazen dazu zu benützen, sich ganz in sich selbst zurückzuziehen. Ihre Weigerung, bei sich daheim einen Telefonanrufbeantworter einzurichten, und ihre nur sporadische Teilnahme am nachmittäglichen Kaffeeklatsch hatten ihr bereits den Ruf einer Einzelgängerin eingetragen. Nicht etwa, daß sie nicht freundlich gewesen wäre oder unfähig, mit ihren Mitarbeiterinnen zu plaudern; ja, ihr ansteckendes Lachen besänftigte die Ängste manches nervösen Klienten im Wartezimmer. Aber fünfundzwanzig Jahre Anpassungsdruck in der Geschäftswelt hatten sie zur Überzeugung gebracht, es sei notwendig, ihr Privatleben – und zumal ihre spirituelle Praxis – strikt von ihrer Arbeitswelt zu trennen. Ohne daß sie es recht gemerkt hatte, hatte sie infolge ihrer Angst vor dem Ausgelachtwerden eine Mauer zwischen sich und ihren Kolleginnen errichtet. Jüngst hatte sie erst ein Erlebnis in ihrer Haltung verhärtet. In einem Moment der Unachtsamkeit hatte sie beim Kaffeetrinken ausgeplaudert, sie nehme eine Woche Urlaub, um an einem Meditationskurs teilzunehmen, und auf der Stelle hatte man kritisch geäußert, sie scheine sich wohl irgendeinem Kult anzuschließen. Melanie fühlte sich dadurch verkannt, zog sich hinter ihre Glaswand falscher innerer Distanz zurück und ging überhaupt nicht mehr zu den Kaffeepausen. Ich halte Melanies innere Distanz deshalb für falsch, weil sie auf ihrem Bild spiritueller Reinheit beruhte und nicht auf ihrer tatsächlichen Erfahrung. Doch auf die paradoxe Weise der Zen-Übung war es Melanies Einfühlungsvermögen und nicht ihre innere Distanz, was bei ihr schließlich eine echte spirituelle Erfahrung zündete.

Da das Zen ursprünglich eng mit dem japanischen Mi-
litär verbunden war, kam es zu uns als ausgesprochen
„männliche" spirituelle Praxis. Selbst nachdem es im Westen eingeführt war und eine ganze Anzahl weiblicher
Schülerinnen angezogen hatte, wurde seine Botschaft weiterhin in männlicher Begrifflichkeit und Symbolik zum
Ausdruck gebracht. Die weiblichen Zen-Anhängerinnen
gaben alle Qualitäten auf, die man irgendwie als „weib-
lich" bezeichnen konnte, und bemühten sich darum, energisch hart zu werden. Doch seit Mitte der achtziger Jahre
hat sich infolge der Bemühungen einer neuen Generation
von Zen-Lehrern sowohl aus dem Westen wie aus Asien,
unter denen Frauen wie Männer sind, einiges geändert. Sie
haben die Sprache des Zen weicher werden und dessen ur-
sprüngliche Flexibilität und seinen spielerischen Charak-
ter wieder aufleben lassen. Als Frau mittleren Alters, die an
die vordersten Front dieses neuen Trends geriet, sah sich
Melanie vor die Notwendigkeit gestellt, sich auf eine neue
Art des Meditierens umzustellen. Wenn sie sich hinsetzte,
um auf ihren Atem zu achten, wurde sie angewiesen, „vollkommen loszulassen, als liege sie in den Armen ihres Lieb-
habers", und das hieß, daß sie alle Kontrolle aufgeben und
sich in die Übung hinein entspannen sollte, statt das
„Kraftzentrum" in ihrem Bauch aufzubauen.

Das Büro hatte an diesem Tag bereits geschlossen, und
Melanie war noch dageblieben, um vollends einen Bericht
fertigzustellen. In der Meinung, sie sei allein, stand sie auf,
um sich eine Tasse Tee zu machen. Als sie gerade in die
Küche gehen wollte, hielt sie jäh inne, weil sie Stimmen
hörte. Sie erkannte, daß es die Stimmen von Lola und Reggie
waren, der beiden Frauen, denen sie seit einiger Zeit aus
dem Weg gegangen war. Sie wollte schon an ihren Schreibtisch zurückkehren, aber es war zu spät; sie hatte bereits

die Schwelle überschritten, und die beiden hatten sie schon gesehen. Melanie grüßte die beiden Frauen, ging an die Spüle und füllte den Kessel mit Wasser. Sie sah, daß eine der beiden verstört war und geweint hatte. Es war Lola, diejenige, die am sarkastischsten davon geredet hatte, sie trete wohl einer Sekte bei. Kurz ergab sich die peinliche Situation, daß alle drei einander anschauten und keine von ihnen Anstalten machte, zu gehen. Dann nahmen die beiden Frauen wieder ihre Unterhaltung auf, als hätten sie stillschweigend vereinbart, Melanie einfach mit einzubeziehen.

Melanie atmete langsam und tief, während das Wasser in den Kessel lief. Lola schniefte, während sie beschrieb, wie sie mit ihrem sechzehnjährigen Sohn Streit bekommen und dieser sie zu Boden geschlagen hatte. Reggie brachte ihr ihre Anteilnahme zum Ausdruck. Melanie hörte den Klang ihrer Stimmen und drehte den Hahn zu. Ganz langsam hob sie den Kessel auf, setzte ihn auf den Herd und schaltete diesen ein. Alles, was in diesem Raum vor sich ging, schien sich ihrem Gefühl nach verlangsamt zu haben. Zuerst war sie sich nur ihrer Finger bewußt, die den schwarzen Griff des weißen Teekessels umfaßten, dann der Tatsache, daß die Stimmen der Frauen mit dem Pfeifen des Teekessels verschmolzen waren und daß beide Geräusche jetzt in ihrer eigenen Brust widerhallten und als ihr eigener Atem herauskamen. Melanie atmete die warme Mischung aus Dampf, Kessel und Frauenstimmen ein und aus; sie warf drei Teebeutel in drei Becher und übergoß sie mit Wasser. Dann reichte sie jeder der beiden Frauen einen Becher. In diesem Augenblick war es, als schmelze die duftende Wärme des Tees den Eisberg in ihrem Inneren. Ohne daß ihr noch Zeit zum Nachdenken oder zum Wiederfinden ihrer Selbstkontrolle blieb, ließ sich Melanie von der Flut mitspülen.

Mit dem Augenblick eins zu werden, in dem man eine Kirschblüte betrachtet oder dem Gesang eines Vogels zuhört, ist nicht so schwierig, wie mit dem Augenblick eins zu werden, in dem man jemandem, der einen verletzt hat, Auge in Auge gegenübersteht. Daher war es Melanies Einfühlungsvermögen und nicht ihre innere Distanz, was ihre echte spirituelle Erfahrung auslöste, nämlich das Wissen, daß Lola und Reggie nichts anderes waren als sie selbst. Doch bedurfte es einer Wende um 180 Grad in ihrer Zen-Praxis, und bis zum Auftauen hatte es lange gebraucht. Sie mußte zunächst ihre Grundhaltung der Defensive aufgeben und damit aufhören, immer dem Feind ins Auge zu blicken, wenn sie sich zum Meditieren hinsetzte oder mit einer Arbeitskollegin sprach. Allein in den Bergen zu sein und mit der Natur zu verschmelzen war einfach; sich für andere Menschenwesen zu öffnen war schwer. An diesem Punkt half Melanie ihre zähe Hingabe an die Meditationsübung sowie ihre unerschütterliche Konzentration und ihre Fähigkeit, immer wieder zum Zählen ihrer Atemzüge zurückzukehren, ganz gleich, wie weit ihr Geist wieder abgeschweift war. Immerhin war für sie die Disziplin nie ein Problem gewesen; was ihr nie recht gelungen war, war das Loslassen gewesen. Manchmal bedarf es eines negativen Erlebnisses, um in uns das Erwachen auszulösen. Für Melanie war das der Schock gewesen, plötzlich in einem Augenblick der Unachtsamkeit mit Lola und Reggie konfrontiert zu sein, in dem das Offensichtliche klar zutage trat. Alles, was sie tun mußte, war, drei Becher Tee zu kochen.

Wenn man sein Leben in säuberliche Pakete einteilt und diese für den Gebrauch bei den jeweils angemessenen Umständen lagert, ist das nicht die Art, wie das Zen wirkt. Sooft ihre Schüler das taten, warfen die alten chinesischen Lehrer sie immer wieder in das schmutzige, wuchernde

Wirrwarr der Formen, Geräusche und Gerüche zurück. Kannon, die buddhistische Ikone des Mitleidens, gelangte zur Erleuchtung, als sie die Schreie der sie umgebenden leidenden Lebewesen vernahm. Sie stand dabei wahrscheinlich mitten in einer belebten Straße, statt auf einer fernen Bergspitze zu sitzen. Die Künstler der Vergangenheit haben sie als vielköpfige, vielarmige Frau dargestellt, die Pflüge, Spinnräder und Wasserkrüge trägt, was zum Ausdruck bringen soll, daß sie in der Welt der Alltagsarbeiten ständig gegenwärtig ist. Melanie sagt, sie würde zu Kannons Geräten einen Teekessel hinzufügen.

TEIL III

Krankheit und Tod
Sonnengesichtiger Buddha, mondgesichtiger Buddha

Sich von Tag zu Tag ändern

Wir Menschenwesen hängen so sehr an unserem individuellen Dasein, daß wir uns unseren eigenen Tod gar nicht vorstellen können. Selbst Zen-Meistern fällt es nicht leicht, ihre Sterblichkeit anzunehmen. In einem Vortrag vor seinen amerikanischen Schülern hat Hakuun Yasutani Roshi bemerkt: „Ob wir es mögen oder nicht, unser Körper folgt seinen eigenen Gesetzen; er verändert sich von Tag zu Tag, wird alt und stirbt schließlich." Und unverzüglich fügte er an: „Und ich, obwohl ich fünfundsiebzig bin, bin immer noch nicht zum Sterben bereit." Yasutani tat diese Äußerung, um jede fixe Vorstellung davon, wie sich ein erleuchteter Mensch angesichts des Todes verhalten müsse, abzutun. Natürlich gibt es bekannte Geschichten von Priestern und Kriegern früherer Zeiten, die, ohne mit der Wimper zu zucken, ihren Nacken dem Schwert ihrer Feinde darboten. Aber es gibt genauso viele Geschichten von großen Zen-Meistern, die in ihrem Todeskampf laut schrien und weinten oder ihre Anhänger damit bestürzten, wie sehr sie unter ihrer Todeskrankheit litten. Für uns alle ist das Faktum am schwersten zu „verdauen", daß wir vergänglich sind. Wir klammern uns so fest an die Illusion, es werde uns für immer geben, daß wir sogar eine ganze Reihe von Aktivitäten entwickelt haben, die sich auf unser Leben nach dem Tod günstig auswirken sollen. Alles, sogar die Hölle, scheint immer noch besser zu sein, als irgendwann gar nicht mehr zu sein.

Das Koan, auf das der Titel dieses Abschnitts anspielt, stammt aus einer chinesischen Sammlung mit dem Titel Der Bericht vom Blauen Felsen, den ein Zen-Meister namens Setcho (980–1052) verfaßt hat. Die Hauptfigur darin ist Baso, einer der berühmtesten Vorfahren im Zen-Stammbaum. Baso, der für seinen dynamischen Stil bekannt ist, war ein sehr leibbetonter Lehrer, der die Schüler, bei denen er erkannte, daß sie kurz vor der Einsicht standen, stieß, anbrüllte und ihnen gelegentlich einen kräftigen Tritt versetzte. Aber in diesem Koan wird Baso beschrieben, wie er schwer krank und sehr geschwächt war.

Der Oberpriester von Meister Basos Tempel stattete ihm einen Krankenbesuch ab und fragte ihn: „Wie fühlst du dich heute?" Baso gab zur Antwort: „Sonnengesichtiger Buddha, mondgesichtiger Buddha."

Kennt man den Hintergrund seiner Antwort, so kommt sie einem weniger rätselhaft vor. In der buddhistischen Mythologie gibt es einen sonnengesichtigen Buddha, der 1800 Jahre lang lebt, und einen mondgesichtigen Buddha, der nur einen Tag und eine Nacht lebt. Baso spricht zu dem Priester also von seinem eigenen Kranksein und bringt gleichzeitig in einem Bild seine Sehnsucht, noch lange zu leben, zum Ausdruck. Nun bezweifle ich, daß ein starker, physisch aktiver Mensch wie Baso seine Krankheit ohne Schwierigkeiten wegsteckte und sich einfach ins Bett legte; doch aus seiner Antwort geht hervor, daß er alle Begriffe über sie fallengelassen hatte und sich nicht selbst bemitleidete. Er verbringt die kostbaren vierundzwanzig Stunden seines Tages nicht damit, sich mit Fragen wie: „Warum gerade ich?"

herumzuschlagen oder sich zu überlegen, ob das sein letzter Tag sei oder nicht. Er ist einfach krank, und indem er das ist, befreit er sich von dem Denken, das dem Schmerz der physischen Krankheit nur weiteren Schmerz hinzufügt.

Man könnte die Frage stellen, warum ein so großer Zen-Meister wie Baso nicht die Macht besitzt, sich selbst zu heilen. Ich kann hier nur wiederholen, was ich bereits früher gesagt habe und was auf viele Situationen zutrifft: Es besteht ein wesentlicher Unterschied dazwischen, ob man mit dem Augenblick eins wird oder ob man versucht, ihn zu transzendieren, sei es, daß man sich übernatürliche Kräfte erwirbt oder die Götter anruft oder sonst etwas unternimmt. Im Unterschied zu anderen Traditionen der Meditation befaßt sich das Zen nicht damit, dieses Tal der Tränen, als das wir unsere Welt bezeichnen, zu transzendieren, denn diese Welt ist selbst absolute Realität. Der eigentliche Grund unserer Schwierigkeiten ergibt sich, wenn wir an ihr vorbeischauen, sobald die Realität sich in Form von Krankheit oder Tod zeigt. In unserem sehnlichen Wunsch, immer jung zu bleiben, nie krank zu werden und für immer zu leben, rennen wir durch die Gegend und suchen nach Möglichkeiten, unserer augenblicklichen Situation zu entkommen. Vor allem die Amerikaner, denen das Altwerden als achte Todsünde gilt, versuchen verzweifelt, ihren Alterungsprozeß aufzuhalten, statt in ihm zu sein. Auf ihrer Suche nach Unsterblichkeit geben sie Unsummen dafür aus, alle möglichen Diäten einzuhalten, lassen gefährliche Operationen an sich vornehmen und begeben sich auf höchst zweifelhafte „spirituelle" Pfade. Jedesmal, wenn mir solche wunderbaren Verheißungen ewigen Lebens begegnen, erinnert mich das an eine Zeile in einem Song von Paul Simon über einen Mann, der meinte, übernatürliche Kräfte zu haben, und auf eine Backsteinwand prallte. Wenn man seine Gedanken auf den Augenblick richtet, der noch nicht erreicht ist, statt sich auf den einzulassen, der gegenwärtig da ist, kann das nur Leiden zur Folge haben.

Ist der Geist dank der Zen-Praxis in Frieden, so kann das zum Heilungsprozeß beitragen, muß es aber nicht unbedingt. Selbst der größte Zen-Meister muß sterben, wenn sein karmischer Faden abgelaufen ist. Das echte Wahrzeichen der Stärke, mit der man Krankheit und Tod überwindet, liegt in unserer Fähigkeit, beides anzunehmen. Ich rede nicht dem Fatalismus das Wort; eher möchte ich die Worte gebrauchen, die ein Zen-Meister an seinen kranken Schüler gerichtet hat: „Wenn du krank bist, dann sei hundert Prozent krank". Bei diesem Koan geht es darum, mit dem Augenblick eins zu werden und Leib und Geist darin aufgehen zu lassen. Das heißt nicht, daß man keinen Arzt aufsuchen und nicht alles tun sollte, um wieder gesund zu werden, oder daß man sich nicht vernünftig um seinen Körper kümmern sollte. Zen ist alles andere als unpraktisch. Wenn man müde ist, soll man schlafen, wenn hungrig, essen, wenn krank, Arznei nehmen, wenn man im Sterben liegt, soll man seine ganze Aufmerksamkeit auf das Sterben richten. Als der chinesische Zen-Meister Ta-mei auf dem Sterbebett lag, hinterließ er seinen Schülern die folgenden letzten Worte: „Wenn es kommt, versucht nicht, es zu vermeiden. Wenn es verschwindet, lauft nicht hinter ihm her." In diesem Augenblick rannte ein Eichhörnchen über das Dach. „Es gibt nur dies, nichts anderes", sagte Ta-mei. Dann starb er.

Ob man weint und vor Schmerzen schreit, wenn man krank ist oder stirbt, oder ob man das mit einem friedlichen Lächeln auf dem Gesicht übersteht, ist eine Frage des Temperaments. Aber man muß kein chinesischer Weiser sein, um mit dem Augenblick physischen Leidens und Sterbens eins zu werden.

KAPITEL SECHS

Keine Garantien

In früheren Zeiten, als sich die Menschen auf traditionelle Heilmittel und Hausbesuche ihres Hausarztes verließen, war das Kranksein noch einfacher. Doch ich kenne keinen Zen-Übenden, der gern in die gute alte Zeit vor dem Penizillin und der Anästhesie und Laseroperation zurück möchte. Die meisten teilen die Auffassung, in einer High-Tech-Kultur zu leben, die beim Heilen die Tendenz zur Dehumanisierung hat, sei der Preis, den wir für diese Fortschritte zahlen müssen. Ich lese heute in der Zeitung, daß medizinische Forscher oft überstürzt die undokumentierten Ergebnisse unvollständiger Untersuchungen an die Öffentlichkeit tragen, nur um Schlagzeilen zu machen und weiterhin ihre Zuschüsse zu erhalten. Aus diesem Grund wird uns zum Beispiel heute gesagt, das Kaffeetrinken bringe uns um, und sechs Monate später, es sei für unsere Gesundheit gar nicht so schlecht. Mehr denn je zuvor sind heute chronisch kranke Menschen, also die am schwersten zu behandelnden und daher verzweifeltsten, einer Medizinerzunft ausgeliefert, die durch widerstreitende Meinungen zerspalten ist. Selbst gebildete Patienten werden bei diesem Hin- und Hergerissenwerden zwischen einer Vielzahl von Experten das Opfer von Quacksalbern. Indessen dauert ihr Schmerz an. Karin, eine sechsundzwanzigjährige Zen-Schülerin, mußte diese Erfahrung aus erster Hand machen, als die Angst vor einem Prozeß wegen Falschbehandlung zu einer Fehldiagnose ihrer Symptome führte.

KOAN AUS DEM WIRKLICHEN LEBEN
Karin spült das Geschirr

Karin ist Kosmetikverkäuferin in einem großen Warenhaus in Washington, D. C. Sie war eine schöne Frau, glücklich mit einem aufsteigenden Bankbeamten verheiratet und lebte im Kreis einer wohlwollenden Familie und guter Freunde. So schien sie alles zu haben, was man zum Glücklichsein braucht. Doch eines Sonntagnachmittags, als sie und ihr Mann von einem Reitwochenende auf dem Land heimkamen, spürte Karin im ganzen Genick und Kopf stechende Schmerzen, die dazu führten, daß ihr linker Ellbogen taub wurde. In der Meinung, sie habe sich beim Reiten einen Muskel verzerrt, sagte sie nichts und nahm daheim ein Schmerzmittel ein. Beim Öffnen des Medizinschranks bemerkte sie in ihrem Arm oberhalb des Ellbogens eine kleine rote Zecke. Sie entfernte sie mit einer Pinzette, betupfte ihren Arm mit Alkohol und dachte sich dann nichts Weiteres mehr.

Als das Schmerzmittel auch nach zwei Tagen immer noch nicht die Linderung ihrer Schmerzen bewirkte, sondern ihr Kopfweh nur immer schlimmer wurde, rief Karin von der Arbeit aus ihren Mann an und sagte ihm, sie fühle sich zu krank, um ihn im Kino zu treffen, und sie gehe statt dessen in die Ambulanz ihrer Klinik. Nachdem die dortige Ärztin ihre Krankengeschichte aufgenommen und von der Zecke erfahren hatte, vermutete sie die Lyme-Krankheit und ordnete sofort einen Bluttest an. Sie verschrieb Karin Penizillin und sagte ihr, das Labor werde ihr telefonisch das Ergebnis der Blutuntersuchung mitteilen. Karin nahm die kleine Informationsbroschüre über die Lyme-Krankheit, die ihr die Ärztin aushändigte, mit und ging zur Apotheke, um ihr Rezept einzulösen.

Karin war Mitglied einer Zen-Gruppe im vorstädtischen Virginia und hatte fünf Jahre lang regelmäßig gesessen. Ihre fröhliche Art strafte das Bild vom sturen Zen-Schüler Lügen, und ihre Fähigkeit zur Kommunikation, über die sie als Verkäuferin verfügte, fanden Neulinge sehr ansprechend. Daher kam es nicht überraschend, als die Gruppe sie dafür wählte, neu beginnende Schüler in die richtige Sitzhaltung einzuweisen. Karin gehört zu jenen bemerkenswerten Menschen, deren Führungsqualitäten eher Zuneigung als Neid weckt. Daher waren alle ehrlich betroffen, als sie krank wurde.

Als Karin eines Abends nach dem zazen noch mit einigen Bekannten in einer nahe gelegenen Kneipe beisammensaß, bemerkte sie, daß sie kein Bier trinken könne, weil sie derzeit Penizillin einnehme. Man kam auf die Lyme-Krankheit zu sprechen, und eine der Frauen sagte ihr, sie solle sich keine allzu großen Sorgen machen, denn sie habe das auch schon gehabt und sei dank der Behandlung mit Antibiotika nach drei Wochen davon wieder geheilt gewesen. Ein Mann in der Gruppe, der sich in alternativer Medizin auskannte, riet ihr, Acidophilus-Tabletten einzunehmen, um die guten Bakterien in ihrem System zu erneuern, die durch die hohen Dosen Penizillin, die sie einnehme, abgetötet würden. Obwohl ihre Kopfschmerzen an diesem Abend so stark gewesen waren, daß sie ihr zazen beeinträchtigt hatten, fühlte sich Karin von den Aussagen ihrer Bekannten ermutigt.

Einen Monat danach erhielt Karin einen Anruf aus dem Labor, und man teilte ihr mit, das Testergebnis zeige, daß sie Antikörper gegen die Lyme-Krankheit im Blut habe und daher als positiv betrachtet werden müsse. Obwohl sie den ganzen Monat Penizillin eingenommen hatte, waren ihre Kopfschmerzen überhaupt nicht besser geworden, weshalb

Karin wieder in die Ambulanz der Klinik ging. Dieses Mal überwies sie die Ärztin an einen Spezialisten für die Lyme-Krankheit. Weil ihre Krankenversicherung für die Konsultation von Spezialärzten eine kräftige Zuzahlung verlangte, beschloß Karin, sich zuerst einmal gründlicher über die Lyme-Krankheit zu informieren, bevor sie weitere Schritte unternahm. Sie besprach das mit der Frau in ihrer Zen-Gruppe, die diese Krankheit überstanden hatte, und kaufte sich mehrere jüngst erschienene Bücher zu diesem Thema. Was sie daraus erfuhr, war, daß sich keine zwei Experten über die Behandlung oder auch nur die Diagnostizierung dieser Krankheit einig waren. Die Broschüre, die ihr ihre Ärztin mitgegeben hatte, enthielt eine Liste mehrerer Selbsthilfegruppen von Betroffenen, und sie rief bei der ihrem Wohnort nächst gelegenen an. Der Mann am Telefon machte einen freundlichen Eindruck und schien sich auszukennen. Er stellte ihr einige Fragen nach ihren Symptomen, wollte wissen, welche Medikamente sie einnehme, und sagte ihr, daß es gut wäre, eine Computertomographie machen zu lassen.

Es dauerte zwei Jahre mit unzähligen Arztbesuchen und Kosten von Tausenden aus der eigenen Tasche bezahlten Dollars, bis Karin sicher wußte, nicht nur nicht an der Lyme-Krankheit zu leiden, sondern auch, daß ihr kein Arzt genau sagen konnte, was sie nun eigentlich hatte. Eine Homöopath diagnostizierte eine chronische Infektion und versprach, seine Pillen würden sie heilen. Als sie das nicht taten, ging sie zu einem Lyme-Spezialisten, der ihr am Arm eine Kanüle anlegte, durch die ihr Antibiotika eingeführt wurden, die 250 Dollar pro Tag kosteten. Sie lief damit sechs Wochen lang herum. Doch ihre Kopfschmerzen und die Krämpfe in ihren Nackenmuskeln wurden schlimmer, und der Spezialarzt wies sie an, in die Notaufnahme ihres örtlichen Krankenhauses zu gehen und sich die Kanüle entfernen zu lassen. Mehr konnte er nicht mehr für sie tun. Und so ging es weiter. Dann geschah es eines Tages, daß sie beim Verlassen der Praxis eines Massagetherapeuten mit der Mutter eines Patienten ins Gespräch kam, der fälschlicherweise infolge eines Bluttests mit positivem Ergebnis auf die Lyme-Krankheit diagnostiziert worden war. Karin war überrascht, als die Frau sie fragte, ob sie bereits ihre Wirbelsäulenflüssigkeit auf Lyme-Bakterien habe untersuchen lassen. Das hatte sie nicht getan. Doch inzwischen war Karin gegen weitere Tests mißtrauisch geworden, und sie und ihr Mann hatten zehntausend Dollar Schulden.

Von einem Klienten aus Deutschland, der zu Besuch da war, erfuhr Karins Mann, daß es für sie billiger sei, nach München zu fliegen und sich komplett neurologisch durchchecken zu lassen, statt an ihrem örtlichen Hospital eine Lumbalpunktion vornehmen zu lassen. Außerdem, so fügte der Mann hinzu, sei es allgemein bekannt, daß es viele amerikanische Ärzte vermieden, Tests der Wirbelsäulenflüssigkeit durchzuführen, weil sie gerichtliche Klagen wegen Falschbehandlung fürchteten. Entschlossen, dies zur letzten Station ihres Herumsuchens bei allen möglichen Ärzten werden zu lassen, flog Karin nach Deutschland, unterzog sich einer Unmenge Tests (einschließlich einer Anzapfung der Wirbelsäule, die keine Anzeichen für Lyme-Bakterien ergab) und erhielt die Auskunft, daß sie vermutlich irgendeine Art von strukturellem Nackenproblem habe, für das es keine definitive Heilung gebe.

Man kann sich zu Recht fragen, wie Karin bei all dem ihre Zen-Praxis beibehalten konnte. Während der akuten Phase ihrer Krankheit war sie nicht fähig, mit ihrer Gruppe zu sitzen, doch das hielt sie nicht davon ab, das zazen zu üben, wenn sie im Bett lag, oder sogar während der Zeit, wo sie die zahlreichen Tests und Blutabnahmen seitens der Ärzte über sich ergehen lassen mußte. Während sie auf dem Rücken lag, ging sie dann einfach mit ihrem Atem mit, achtete auf die sie umgebenden Geräusche, auf die Empfindungen von Hitze und Kälte auf ihrer Haut und sogar auf den Schmerz in ihrem Kopf, und beim Meditieren konzentrierte sie sich dann darauf. Natürlich war das nicht leicht einzuhalten, und sie hatte ihre Zeiten, wo sie dazu nicht fähig war. Ja, zeitweise waren ihre Schmerzen derart stark, daß Karin glaubte, den Tag nicht mehr überstehen zu können.

Sie war ein kerngesundes Kind und von Jugend an eine hervorragende Reiterin gewesen, und es war das erste Mal in ihrem Leben, daß sie mit solchen ständig andauernden Schmerzen zu kämpfen hatte. Als sich keinerlei Zeichen der Besserung regten, begann Karin zu verzweifeln. Ihre Augenblicke des zazen wurden von wilden Phantasien durchbrochen: Hatte sie einen Gehirntumor? Multiple Sklerose? Würde sie blind werden? Sie verbrachte viele schlaflose Nächte damit, sich den Kopf darüber zu zerbrechen, was an ihrem Zustand schuld war: War das die Reaktion auf irgendein Toxin in ihrer Umgebung oder eine der gängigen Nahrungsmittelallergien, von denen sie in den alternativen Gesundheitsmagazinen gelesen hatte, die sie so begierig sammelte? Ganz auf ihr schlechtes Karma fixiert, ließ sich Karin sogar von einer wohlmeinenden Freundin dazu überreden, psychischen Rat zu suchen. Der bestand allerdings nur aus einer schnellen, 25 Dollar teuren Sitzung bei einer zweifelhaften Frau mit Turban, nach der sie sich bloß noch schlechter fühlte, weil ihr diese erzählte, sie trage die Schuld aus ihrem vorigen Leben ab, in dem sie ein indianischer Krieger gewesen sei, der in North Dakota hundert Siedler skalpiert habe.

Doch trotz dieser starken, alles beeinträchtigenden Niederlagen gelang es Karin, ihr seelisches Gleichgewicht wiederzufinden. An ihren schlimmsten Tagen machte sie die Visualisierungsübung, wie sie ihre unkontrollierten Gedankengänge in einen Beutel packte, ehe sie sich wieder auf ihren Atem konzentrierte. Sogar in schlimmen Zeiten konnte sie sich auf die Flexibilität ihres Geistes verlassen, der es fertigbrachte, aus dem Loch der Verzweiflung herauszuklettern und sich den augenblicklichen Umständen zuzuwenden: der tickenden Uhr, dem draußen abfahrenden Auto, dem Schmerz als solchem, und das ganz ohne Fragen, Spekulationen und Selbstmitleid. Schließlich wurde der Kampf selbst zum Bestandteil ihrer Zen-Übung und versetzte sie in die Lage, mehr Zeit darauf zu verwenden, auf die Äußerungen ihres Zustands von Augenblick zu Augenblick zu achten, statt sich in Phantasien über ihn zu ergehen.

Karins Mann war zwar selbst kein Zen-Schüler, hatte aber schon vor ihrer Krankheit alles dafür getan, ihr das Üben zu ermöglichen. Jetzt organisierte er, daß ihre Zen-Gruppe zu ihnen ins Haus kam und mit ihr zusammen daheim meditierte, wann immer sie sich dazu in der Lage fühlte. Erstaunlicherweise hatte es Karin fertiggebracht, während der zwei Jahre, in denen sie ständig auf der Suche nach einer Heilmöglichkeit war, nur drei Wochen bei der Arbeit zu fehlen. Sie war fest entschlossen, sich ihren Arbeitsplatz zu erhalten, und so lernte sie es, ihre beruflichen Tätigkeiten auf die Kurve der Höhen und Tiefen ihrer Kopfschmerzen abzustimmen. Beim langen Sitzen während der Meditations-Einkehrzeiten hatte sie gelernt, daß die Kopfschmerzen nachließen, wenn man sich auf den Schmerz konzentrierte, statt darüber nachzudenken, wie man ihn loswerden könnte. Wenn sie deshalb mitten in einem Verkaufsgespräch war und ihr plötzlich rasende Kopfschmerzen kamen, spielte sie ihre Rolle nicht mehr um jeden Preis weiter, sondern entschuldigte sich, vertraute die Kundin einer Kollegin an und ging ins Angestelltenzimmer, legte sich dort auf die Liege und fing an, ihre Atemzüge zu zählen. Selbst wenn dann die Kopfschmerzen vielleicht nicht ganz verschwanden, half ihr das immer so weit wieder auf, daß sie auf ihren Posten zurückkehren konnte.

Wie bereits erwähnt, ist das zazen keine spezifische Übung zur Behandlung von körperlichen und seelischen Problemen, obwohl die Auswirkungen dieser Übung oft therapeutische Wirkung haben können. Der Grund, weshalb wir uns der Meditation hingeben, ist nicht der, daß wir unser Selbst verbessern, sondern es als substanzlos erkennen wollen. Obwohl Karin das zazen dazu verwandte, trotz ihrer Schmerzen weiter arbeiten zu können, mußte sie erst noch mit ihrer Krankheit eins werden. Ja, sie konnte zugeben, daß ihre Kopfschmerzen vermutlich zu einem gewissen Grad psychosomatisch bedingt waren, und der Umstand, daß sie ihre Übung durch alle Höhen und Tiefen ihrer Krankheit beibehielt, half ihr zweifellos, sich an ihre Situation anzupassen. Doch auch so war sie noch nicht ganz mit ihrem chronischen Zustand eins geworden. Zwei Jahre lang schaute sie auf der Suche nach Erleichterung nach außen um sich. Ihr Durchbruch geschah, während sie und ihr Mann nach einer Essenseinladung miteinander das Geschirr spülten.

Entschlossen, so normal wie möglich weiterzuleben, gab Karin an den Wochenenden weiterhin Einladungen oder Besuche. Es machte ihr als exzellenter Köchin besondere Freude, ihre engsten Freundinnen und Freunde zum Essen einzuladen. Etwas zögerlich war ihr Mann damit einverstanden, daß sie an einem heißen Freitagabend im Juli zwei

Ehepaare zu einem Abendessen mit Lasagne einlud. Soweit er den Verlauf ihrer Kopfschmerzen kannte, wurden diese bei heißem Wetter immer schlimmer. Karin hatte vor, ihre Gäste an diesem Abend auf der kleinen Steinterrasse ihres Stadthauses zu bewirten, aber ihr Mann überredete sie dazu, das Essen statt dessen lieber im Eßzimmer zu geben, das mit einer Klimaanlage ausgestattet war. Er hatte alles eingekauft und bereitete den Salat und den Nachtisch zu, während Karin sich daranmachte, das Hauptgericht zu kochen. Obwohl sie nicht klagte, konnte er an der Langsamkeit ihrer Gesten und der Blässe ihrer Haut ablesen, daß sie einen ihrer schlechten Tage hatte. Indes wußte er aus früheren Erfahrungen, daß es am besten war, sie nicht danach zu fragen, denn der Ausdruck in Karins Augen verriet ihm, daß sie schwer dagegen ankämpfte, vor den Schmerzen zu kapitulieren.

Das Essen war ein Erfolg, und als der Abend vorbei war, stellte Karin fest, daß er ihr trotz der andauernden Kopfschmerzen Freude gemacht hatte. Ihr Mann schlug ihr vor, nach oben zu gehen und in der Badewanne zu entspannen, während er noch alles aufräumen wollte. Aber Karin schien unbedingt dableiben zu wollen, und so wollte er sie nicht davon abbringen, als sie die Geschirrspülmaschine unbenutzt ließ, ans Spülbecken trat und anfing, die Töpfe und Pfannen von Hand zu scheuern. Die Art, wie sie sich jetzt bewegte, war irgendwie anders. Der harte, entschlossene Ausdruck war einem entspannten leichten Lächeln gewichen.

Der vietnamesische Zen-Lehrer Thich Nhat Hanh sagt, wenn man nicht während des Geschirrspülens meditieren könne, sei man dazu auch nicht während des schweigenden Sitzens zur Meditation imstande. Karins Erfahrung in der Küche gibt dafür ein klares Zeugnis. Sie atmete still und

91

tief und bezog das Geräusch des plätschernden Wassers und des Schepperns der Töpfe und Pfannen in ihren Atem ein. Während sie den Boden der Lasagne-Pfanne auskratzte, war sie sich ihrer Finger und des Gefühls der Stahlwolle auf ihnen bewußt. Sie unterschied nicht mehr zwischen ihren Bewegungen, ihrem Atem und dem Plätschern des Wassers, griff nach einer kleinen Soßenschüssel, wandte sich ihrem Mann zu und sagte: „Du weißt, ich fühle mich nicht hundertprozentig . . ." Dieser war für einen Augenblick abgelenkt und ließ das Weinglas fallen, das er gerade abtrocknete. Karin fühlte sich selbst genauso in Stücke gesprungen wie das Weinglas auf den Bodenfliesen. Plötzlich mußte sie angesichts dessen, daß sie mitten in der Küche stand, Kopfschmerzen hatte und ihrem Mann gerade sagte, daß sie sich nicht hundertprozentig wohl fühle, lachen. „Das ist es!" brach es aus ihr heraus. „Ich habe diese Kopfschmerzen nicht, ich bin diese Kopfschmerzen!" Und so kam es, daß Karin zum ersten Mal, seit sie diese Schmerzen verspürt hatte, sie tatsächlich als etwas Eigenes erkannte.

Oft kommen Menschen zu Karins Einführungskursen, weil sie von irgend etwas geheilt werden wollen. Aber Karin versteht sich jetzt weniger als Verkäuferin von Zen, sondern eher als lebendiges Beispiel dafür, welchen Gewinn man realistischerweise aus dieser Übung ziehen kann. Sie macht den Leuten klar, daß das Zen keinerlei Heilungsgarantie bietet, aber daß man dadurch vielleicht so wie in ihrem Fall lernen kann, mit seiner Krankheit eins zu werden. Sie läßt die Betreffenden sich einfach hinsetzen und auf ihren Atem achten, um ihnen zu zeigen, wie viel lohnender es ist, einfach auf ihren Zustand zu achten, statt zu versuchen, ihn zu beheben. Denjenigen, die sich irgendein Wunder erhoffen, zitiert sie manchmal den alten Spruch, der das Zen als „nichts Besonderes" beschreibt.

Damit will sie niemanden abschrecken, sondern eher diejenigen ermutigen, die bereits darauf gekommen sind, daß das Leiden nie aufhört, solange man immer noch vor ihm davonzulaufen versucht.

Es gibt eine Geschichte von einer trauernden Frau, die zum Buddha kommt, um ihn nach dem Sinn des Todes ihres Kindes zu fragen. Der Buddha trägt ihr auf, ihm aus jedem Haushalt ihres Dorfes, in dem man noch nie Krankheit oder Tod erfahren hat, ein Körnlein Senfsamen zu bringen. Man muß eigentlich gar nicht weitererzählen, daß die Frau natürlich mit leeren Händen zurückkommt, doch sich jetzt dessen voll bewußt ist, daß „alles schnell vorbeigeht". Auch Karin hatte mittels der Schmerzen ihres eigenen Körpers und Geistes ganz tief und intensiv erfahren, wie unbeständig alles ist. Die Krankheit führte sie über die bequemen Etappen der Meditation hinaus und setzte sie auf den Weg bis hin zur Wurzel des Leidens selbst. Im Zen spricht man oft von einem ziellosen Ziel; das bedeutet, daß man alle Hoffnungen und Vorstellungen, was man aus dieser Übung gewinnen könnte, fahren läßt. Ist all das abgetan, so sitzt man nur noch, um zu sitzen. Man hofft auf keine Wunder mehr. Erst wenn man nicht mehr auf der Suche nach einem Sinn seines Leidens von Haus zu Haus läuft, kann sich dieses Leiden wirklich in der Bewußtheit auflösen. (Man beachte, daß der Buddha die trauernde Frau nicht angewiesen hat, sich in den Wald zurückzuziehen und Betrachtungen über das Geheimnis des Todes zu halten, sondern sie sollte sich mit ihrer Frage dem geschäftigen Treiben ihres eigenen Dorfes aussetzen.) Wie bei der Frau in der Geschichte schmolz auch Karins fruchtloses Suchen nach einer Abhilfe für ihr Leiden in dem Augenblick dahin, wo sie etwas ganz Einfaches verrichtete. Es mag schwerfallen, die schwerwiegendsten Fragen um Leben und Tod allen

Ernstes auf derart banale Weise anzugehen. Wem das zu pessimistisch vorkommt, dem sei hier noch Meister Unmon zitiert.

Infolge eines Unfalls, der ihn sowohl zur Erleuchtung führte als auch sein Bein verkrüppelte, verbrachte dieser alte chinesische Zen-Meister vermutlich einen Großteil seines Lebens mit Schmerzen, doch seine Äußerungen haben immer etwas Aufbauendes an sich. Zum Beispiel sagte er eines Tages in einer Ansprache an seine Mönche: „Ich frage euch nicht vor dem fünfzehnten Tag danach; versucht, etwas darüber nach dem fünfzehnten Tag zu sagen!" Dann gab er selbst die Antwort auf dieses Rätselwort: „Jeder Tag ist ein guter Tag!" (In China war der fünfzehnte Tag jedes Monats ein Tag des Bekennens und der Versöhnung. Mit anderen Worten, in der Hoffnung auf die Erlösung von ihrem Leiden verbrachten die frommen Leute diesen Tag jeweils mit dem Beichten ihrer Sünden und mit Fasten. Das war auch der Tag des Vollmonds, der im Zen ein Symbol der Erleuchtung ist.) Was immer er genau mit dem fünfzehnten Tag meinen mochte, so ermahnte Unmon seine Mönche jedenfalls eindeutig, ihr Leben nicht in gute und schlechte Tage aufzuteilen. Natürlich möchten wir uns am liebsten alle Tage wohl fühlen, um ungehindert unseren Geschäften nachgehen zu können; und vielleicht ist das Fasten und die regelmäßige persönliche Bestandsaufnahme ganz hilfreich. Aber machen wir uns nichts vor. Weder Baso noch Unmon plappern lediglich Klischees daher. Wenn wir wirklich in jedem Augenblick vom Sonnenaufgang bis zum Mondaufgang voll bewußt leben – ob wir uns nun krank oder wohlauf fühlen –, dann ist jeder Tag ein guter Tag!

KAPITEL SIEBEN
Ganz gewöhnlich sterben

Als der radikale zeitgenössische Zen-Meister Taisen Deshimaru von einem Schüler darum gebeten wurde, etwas darüber zu sagen, was nach dem Tod geschehe, sagte er: „Es tut mir leid, ich liege noch nicht in meinen Sarg. So kann ich Ihnen nichts darüber sagen." Diese prägnante Antwort ist typisch für den Stellenwert, den das Zen der direkten Erfahrung zuweist. Jeder, der über den Tod schreibt, stellt bloße Spekulationen an; und diejenigen, die behaupten, aus dem Tod zurückgekommen zu sein, sind in Wirklichkeit nicht tot und schreiben daher über den Sterbeprozeß, ohne ihn vollendet zu haben. Andererseits wissen wir alle, wie es ist, wenn man einen Verlust erfährt. Vor zwei Jahren starben im Abstand von fünf Monaten mein Vater und meine Mutter. Wir waren eine Familie mit engem Zusammenhalt, und noch Monate danach geschah es mir, daß ich nach dem Telefon griff und sie anrufen wollte. Sie fehlen mir immer noch sehr. Doch so nahe sie mir auch waren, ich bin völlig unfähig, ihr Sterben so zu beschreiben, wie sie selbst es erlebt haben. Es war beim Begräbnis meiner Mutter, daß mir die Worte meines ersten Zen-Lehrers in den Sinn kamen. Wir hatten über das Zen als eine Lehre gesprochen, die jenseits aller Worte und Schriften liege, und er hatte gesagt: „Worte können Ihnen nie den Geschmack des Tees vermitteln, den wir gerade trinken. Sie müssen ihn einfach selbst verkosten."

Im Zen hört man nicht oft etwas darüber, wie „gewöhnliche" Menschen mit dem Sterben umgehen. Mir fällt eine inspirierende Geschichte über Tesshu Yamoaka ein, einen japanischen Schwertmann und Diplomaten, der von einem Krebsleiden geplagt wurde und mehr als achtzig Meilen weit auf einem Pferd ritt, um am Tag seines Sterbens im za-zen zu sitzen. Doch ich halte Tesshu für keinen gewöhnlichen Menschen, selbst nicht für einen gewöhnlichen Japaner. Brad, ein neununddreißigjähriger Homosexueller mit AIDS, erfüllt eher den Anspruch, eine nachvollziehbare „Heldenreise" gemeistert zu haben. Seine Erfahrung faszinierte eine ganze Zen-Gemeinschaft.

KOAN AUS DEM WIRKLICHEN LEBEN
Der Weg eines Helden

Brad war ein hervorragender Handwerker und verdiente sich seinen Lebensunterhalt als selbständiger Kunsttischler in Los Angeles. Als die Zen-Gemeinschaft, der er angehörte, ein altes verlottertes Haus im Stadtteil Melrose kaufte, bat man ihn, dessen Renovierung in die Hand zu nehmen. Brad stellte seine Zeit und Dienste diesem Projekt ganztags zur Verfügung, trommelte eine Mannschaft Freiwilliger aus der Zen-Gemeinschaft zusammen und machte sich an die Aufgabe, das baufällige Gebäude in ein schmuckes lokales *zendo* umzugestalten. Die Arbeit an diesem Haus wurde als Bestandteil der Gruppenmeditationsübung erachtet und daher im Schweigen ausgeführt. Das entsprach ganz Brads Eigenart. Er nahm zwar regelmäßig an den zweiwöchigen gemeinsamen Sitzmeditationen der Gruppe und den längeren Einkehrzeiten teil, gestaltete aber sein Leben außerhalb des *zendo* weithin als seine Privatangelegenheit. Daran fand niemand etwas Besonderes, denn Brad schien sich darin nicht von anderen eher zurückhaltenden Mitgliedern der Gruppe zu unterscheiden. Da das Zen weithin aus schweigsamem, gemeinsamem Üben besteht, lernen sich die Teilnehmer zwar ganz gut kennen, aber vorwiegend auf nonverbalem Weg. Wie das bei allen Beziehungen der Fall ist, versammelt die innere karmische Verwandtschaft alle möglichen Erdenwanderer in einem *zendo* und schweißt sie zu einer Gruppe zusammen. Wenn man auf jeden Atemzug, jedes Geräusch und jede Geste aufmerksam achtet, schärft das gewöhnlich die Sensibilität für die Gefühle desjenigen, der neben einem sitzt, und das Schweigen hat oft zur Folge, daß zwischen Menschen, bei denen man das zunächst für ganz unwahrscheinlich gehalten hätte, eine große innere Nähe entsteht. Brad, der Organisator der Renovierungsarbeiten am Haus, und Estelle, die Sekretärin des *zendo*, waren ein solches merkwürdiges Paar.

Obwohl Brad wenig aus seinem Privatleben erzählte, verhehlte er nicht die Tatsache, daß er schwul war. Estelle, eine füllige fünfundsechzigjährige pensionierte Sozialarbeiterin, die sich selbst als die „Oma des zendo" bezeichnete, war so redselig über ihr Leben, wie Brad über das seine schweigsam war. Zweifellos trug der Umstand, daß sie vier Jahre lang direkt nebeneinander auf ihren Sitzkissen saßen, dazu bei, daß sie einander näherkamen; aber vor allem die Bauarbeiten waren es, die ihre Freundschaft vertieften. Estelle war die erste gewesen, die sich auf Brads Appell an Vollzeit-Freiwillige gemeldet hatte. Sie hatte angeboten, in ihrem Volvo-Kombi Baumaterial und Verpflegung heranzuschaffen. Unerwarteterweise hatte die enge gemeinsame Arbeit im Schweigen auf die beiden Befreundeten gegenteilige Auswirkungen: Als Estelle ihn abends immer heimfuhr, wollte sie nicht reden, während Brad das wollte. Während einer dieser Fahrten erzählte Brad ihr, sein Gefährte sei an AIDS gestorben, und er werde auch bald daran sterben. Mit seiner Familie in Wisconsin habe er keinen Kontakt mehr, seit sie erfahren hätten, daß er schwul sei. Die meisten seiner Freunde seien schon gestorben, und so sei er völlig allein. Als ihn Estelle fragte, wie sie ihm irgendwie helfen könne, brach Brad in Tränen aus. Estelle nahm ihn in die Arme und drückte ihn fest an sich.

Am nächsten Morgen erschienen die beiden nicht auf der Baustelle, und schließlich rief ein Mitglied der Mannschaft bei Brad zu Hause an. Estelle beantwortete den Anruf und sagte, sie müßten dringend noch einige offene finanzielle Einzelheiten klären, bevor sie an diesem Tag zur Arbeit kommen könnten. Als sie schließlich auf der Baustelle eintrafen, versammelte Brad nicht wie sonst die Mannschaft zu einer kurzen Besprechung der an diesem Tag anfallenden Arbeiten, sondern er bat alle, sich im Kreis aufzustellen und sich zu einer Minute der Meditation gegenseitig an der Hand zu halten, was sie gewöhnlich immer vor dem Mittagessen taten. Dann löste er den Kreis auf, schaute in die Runde der gespannt wartenden Gesichter seiner Mannschaft und teilte ihnen mit, daß er AIDS habe und nicht länger in der Lage sei, an der Arbeit teilzunehmen. Die gemeinschaftliche Herausforderung, unter Brads Führung ein zendo zu bauen, hatte ihnen allen wohlgetan. So konnten sie genauso selbstverständlich wie immer wieder in ihre Rollen schlüpfen, und Brad und seine Mannschaft machten sich an ihre neue gemeinsame Aufgabe.

Soseki Shosan, ein Samurai im 16. Jahrhundert, der Zen-Mönch wurde, äußerte: „Wir alle sind Sterbenskranke, und die meisten von uns leben in einem ständigen Zustand der Verleugnung dieser Tatsache." Selten gelingt es uns, die Illusion loszuwerden, zwar müßten alle anderen sterben, wir jedoch nicht. Brads einzigartige Beziehung zu seiner Arbeitsmannschaft bot eine der seltenen Gelegenheiten dazu. Im Laufe von Monaten intensiver Konzentration auf die gemeinsame Arbeit wurden sechsundzwanzig ausgeprägte Individuen fähig, als Einheit zu wirken. Daher reagierte die Gruppe auf Brads bevorstehenden Tod so, als verliere sie ein wichtiges Glied an ihrem eigenen Körper. Unter diesem Umstand, mit Brad eins zu sein, sah sich jedes Mitglied der Gemeinschaft gezwungen, der Realität seines eigenen Sterbenmüssens voll ins Auge zu blicken. Das bedeutete, daß sich alle ganz der Erfahrung heftig schwankender Gemütszustände öffnen mußten und auf Tage des Annehmens Nächte des Schreckens folgen konnten. Mit Ausnahme von Brad selbst ließ sich niemand tiefer in den Prozeß seines Sterbens ein als Estelle. Sie quartierte ihn in ihr Haus um, sammelte Spenden für seine medizinische Versorgung und stellte einen genauen Schichtplan für die Gruppenmitglieder auf. In Brads letzten Tagen wurden professionelle Pfleger hinzugezogen, um ihm Injektionen und ähnliches zu verabreichen, aber ansonsten übernahmen rund um die Uhr die Mitglieder von Brads Zen-Gemeinschaft seine Betreuung.

Während der Wochen, bevor er bettlägerig wurde, war Brad in der Lage, auch seinerseits Estelle zu beschenken. Er machte ihr die kostbaren alltäglichen Augenblicke ihres Lebens bewußt, auf die zu achten sie bislang viel zu beschäftigt gewesen war, und er lehrte sie die Kunst, das Sterben anzunehmen. Als er eines Tages Estelle darauf hinwies, wie es ihre Katze Tessa sorgfältig vermied, auf die Lampenschnur im Wohnzimmer zu treten, und immer einen großen Bogen darum machte, staunte Estelle, daß er Tessas Eigenheiten besser kennengelernt hatte als sie selbst. Ein anderes Mal rührte er sie zu Tränen, als er sie in die Küche

mitnahm, damit sie Tessas lustige Gewohnheit beobachtete, immer erst einige Friskies aus ihrem Napf zu werfen,
ehe sie zu fressen begann. Brads Aufmerksamkeit, sein
Staunen, mit dem er jede kleine und scheinbar unbedeu-
tende Einzelheit von Tessas Regungen beobachtete und be-
wunderte, wirkte auf sie so stark, daß sie sich das selbst an-
gewöhnt hatte und weiterführte, als er seine Tage nicht
mehr damit verbringen konnte, solche Dinge staunend zu
beobachten.

Während Estelle voll davon in Anspruch genommen war,
Brad in sein Sterben hinein zu begleiten, wurde sie sich
deutlich ihrer eigenen verborgenen Unfreiheiten bewußt.
Eines vom ersten, was sie ernüchterte, war ihre Desillusio-
nierung, daß sie keine Angst vor dem Sterben habe.
Während sie eines Nachts an Brads Bett saß und mit ihm atmete, erfaßte sie jäh eine derartige Todesangst, daß sie das
Gefühl hatte, ein Pfeil habe ihr Herz durchbohrt. Damit
einher ging die absolute, physische Gewißheit, daß sie,
Estelle, nicht mehr war als eine vorübergehende Schaum-
blase auf einem weiten Meer. Diese Wahrnehmung machte sie ganz benommen, und sie mußte nach Brads Hand
greifen und sie drücken, um nicht ohnmächtig zu werden.
Er schaute zu ihr auf. „Du spürst es jetzt auch", sagte er.
„Nichts erzwingen. Schlafe ein bißchen." Estelle hielt sich
an seinen Rat, rief das Mitglied, das als nächstes an der Reihe war, und ging zu Bett.

Bei ihren Gesprächen während der Gedenkfeier nach
Brads Tod erinnerte sich jeder, der an Brads Reise teilgenommen hatte, eine ganz ähnliche Erfahrung gemacht zu
haben.

Der einzige Weg, unsere Angst vor dem Sterben zu überwinden, besteht darin, sich auf das Teilen der Erfahrung des
Sterbens einzulassen und seine eigene Vergänglichkeit und

Sterblichkeit ganz anzunehmen. Doch das kann man erst tun, wenn man sich aller seiner vorgefaßten Begriffe darüber voll entledigt hat. Vorstellungen über Wiedergeburt, Himmel und Hölle sind alles Hindernisse dafür, diese Freiheit zu erwerben. Uns ist mehr damit gedient, die Possen einer Katze auf dem Wohnzimmerboden zu beobachten oder genau hinzuhören, wie ein Eichhörnchen über das Dach huscht. Doch müssen wir sorgfältig darauf achten, die Fähigkeit, uns voll körperlich und seelisch auf den Kampf einzulassen, der mit dem Sterben verbunden ist, nicht mit Heroismus oder Stoizismus zu verwechseln. Meister Mumon mahnt uns, im zazen unsere „dreihundertsechzig Knochen und Gelenke und unsere vierundachtzigtausend Haarwurzeln" durchzugehen, damit wir uns beim schnurgeraden Hineinmarschieren ins Dickicht von Angst, Kummer und Leid völlig frei vom Geborenwerden und Sterben machen. Wer wie Brad mit einer sanften, nachgiebigen Natur gesegnet ist, muß vielleicht nicht so verzweifelt kämpfen wie jemand, dem das nicht geschenkt ist. Allen war klar, daß Brad nicht nur eine gute Miene aufsetzte und ergeben das Unvermeidliche hinnahm, sondern daß er mit seiner unerschütterlichen Achtsamkeit auf jeden Augenblick seines Sterbens einen genauso eisernen Willen zeigte wie der tapferste Krieger; und alle seine Freunde, die in der Erfahrung eins waren, ihre Selbstbezogenheit durch die Sorge für und um ihn zu überwinden, bekamen Anteil an dieser seiner Stärke. Alle miteinander machten sie einen Schritt vom Festhalten ins Loslassen hinein, und als sie um Brads Bett versammelt waren, um mit ihm seinen letzten Geburtstag zu feiern, spürten sie alle einhellig, daß der Augenblick der Erlösung gekommen war.

TEIL IV

Natur und Gesellschaft
Wer ist dieser?

Gegenseitige Abhängigkeit

Nichts existiert isoliert für sich. Von der Ameise im Garten bis zum Stern in den äußersten Fernen des Weltraums entsteht nichts aus sich selbst. Das ist durchaus keine mystische Behauptung, sondern ein wissenschaftlich belegtes physikalisches Faktum. Die Astronomen haben zum Beispiel gezeigt, daß unsere Körper den gleichen Stickstoff enthalten, der von den explodierenden Sternen produziert wird, die zum Entstehen unseres Universums geführt haben. Durch das holographische Netzwerk untereinander verknüpfter Muster, in das wir einbezogen sind, bestätigt die Natur die Erfahrung des Meditierenden, Teil eines Netzes wechselseitiger Abhängigkeiten zu sein. Und doch beruht das Leben, wie wir es erfahren, auf lauter Unterschieden: Die Palme ist nicht die Eiche, der Winter ist nicht der Sommer, und obwohl die Menschen alle aus denselben Elementen zusammengesetzt sind, sind diese Elemente in zahllosen unterschiedlichen Variationen zusammengefügt, und es gibt deshalb große und kleine Menschen, solche mit blauen und solche mit braunen Augen, Männer und Frauen usw. Wenn man zum Beispiel zwischen Natur und Gesellschaft unterscheidet, richtet man das Augenmerk auf die Besonderheit der Dinge; in diesem Kontext ist ein Mensch kein

Berg. Redet man dagegen von wechselseitiger Abhängigkeit, so beschreibt man die Nichtunterschiedenheit der Dinge, wie man sie in der Meditation erfährt, und hier unterscheidet sich ein Mensch nicht von einem Berg. Doch muß man sich im klaren darüber sein, daß eine solche Aussage nur „ein Finger ist, der auf den Mond zeigt, und nicht der Mond selbst". Tatsache ist, daß wir einmalig und zugleich völlig ununterscheidbar von jedem und allem anderen sind.

Dieses beständige Wechselspiel zwischen dem Gleichsein und der Verschiedenheit der Dinge bringt gut ein Koan zum Ausdruck, das der altchinesische Zen-Meister En von Tosan formuliert hat:

> *„Selbst die vergangenen und künftigen Buddhas sind Diener füreinander: Sag mir also, wer ist dieser?"*

In einem Kommentar zu diesem *Koan* bemerkte Yamada Koun Roshi, ein zeitgenössischer japanischer Lehrer, es gebe gar keine „Diener" und keine „anderen", sondern wir seien alle „dieses Eine". Er weist darauf hin, daß die Schwierigkeiten dann anfangen, wenn wir einander als „Diener" und „andere" gegenübertreten; das führe in „hoffnungslose Situationen".

Wir brauchen nur das Fernsehgerät einzuschalten oder die morgendlichen Schlagzeilen zu lesen, um zu sehen, daß eine Welt voller gegensätzlicher Persönlichkeiten zu einer hoffnungslosen Situation nach der anderen geführt hat. Die Gewalttätigkeit, vor der uns graut und von der wir doch anscheinend nie genug bekommen, ist das unvermeidliche Nebenprodukt eines Ich, dessen gesamte Existenz darauf beruht, daß es alle anderen ausschließt und sich gegen alles andere als Nicht-Ich abgrenzt. Ein Gang durch die Straßen selbst der fortschrittlichsten amerikanischen Stadt führt uns Tausende von „anderen" vor Augen, die in Torbögen kauern und uns um Kleingeld anbetteln. Eine Wanderung durch einen uralten Wald wird zum Anlaß, den Kahlschlag an einem gesamten riesigen Berghang zu beklagen. Eine Stadt im Süden, die für ihre Welse bekannt ist, sieht sich gezwungen, einen Fluß für das Fischen ganz zu sperren, wenn der Ertrag einer ganzen Saison tot an seine Strände gespült wird und alle Anzeichen einer Mercurium-Vergiftung aufweist. Sogenannte zivilisierte Länder unternehmen „ethnische Säuberungen", um aus ihrer Nachbarschaft alle „anderen" zu entfernen, die ihre Gebete zu ein und demselben Gott in einer anderen Sprache formulieren. In einer solchen Welt sieht sich jeder, der Meister Ens Frage erwägt, gezwungen, hinzuzufügen: „Wie kann ich mein Bewußtsein der wechselseitigen Abhängigkeit aller Dinge so schärfen, daß es allem, was nicht von mir geschieden ist, zum Heil gereicht?"

Das Erwachen zur Nichtsubstantialität des Selbst ist nur die erste Stufe in einem Prozeß sich vertiefender Einsicht in das unerschütterliche Wissen, daß wir alle austauschbare Juwelen sind, die einander gegenseitig auf dem großen juwelenbesetzten Netz des Seins spiegeln. Daraus ergibt sich dann das Mitleiden, und daraus folgt das richtige Handeln. Allerdings entspricht dieses Modell nicht der Lebenswirklichkeit der meisten Menschen. Wer kann sich schon den Luxus leisten, zunächst einmal einen Großteil seines Lebens seiner Vervollkommnung zu widmen, um dann schließlich zu reifem Handeln fähig zu werden? Wir stecken im Dickicht unserer alltäglichen Dinge und Aufgaben und müssen immer wieder unverzüglich praktisch anwenden, was wir gerade auf unserem Sitzkissen gelernt haben. Die obdachlose Frau auf der Parkbank ist längst erfroren, und der vergiftete Weiher hat unsere Kinder längst krank gemacht, wenn wir mit dem Eingreifen warten, bis wir so tief erleuchtet sind wie der Buddha. Andererseits machen wir alles nur schlimmer, wenn wir sofort handeln, das aber aus Verzweiflung, Wut oder dem Dünkel heraus tun, wir selbst seien gut und alle anderen schlecht. Das kommt in einem bekannten Koan zum Ausdruck, in dem sich Bodhidharma, der Gründer des Zen in China, und Kaiser Wu, ein Schutzherr des Buddhismus, unterhalten. Nachdem der Kaiser Bodhidharma alle Tempel, Pagoden und Klöster gezeigt hat, die er hat bauen lassen, fragt er den Meister: „Was glaubst du, wieviel tugendhaftes Verdienst ich mir mit allen diesen guten Werken angesammelt habe?" Seinen Kopf riskierend, erwidert der lakonische Bodhidharma: „Bis jetzt noch keines", und er entfernt sich unverzüglich weit in den Norden, um in einer Höhle im zazen zu sitzen. Bis der Kaiser Wu dies gründlicher überdacht hat und Bodhidharma wieder zu sich rufen will, um sich weiter belehren zu lassen, ist es zu spät. So ist es, wenn sich ichbezogenes moralisches Handeln als Spiritualität mißversteht und ausgibt.

Mitleidvolles Handeln ist erst dann möglich, wenn man dahintergekommen ist, daß es kein Ich zu loben gibt. Bis dahin handeln wir aus dem Blindsein der Zweiheit heraus: Wir stellen uns vor, unser Ich sei hier, der andere dort draußen. Und da das Ich ständig vor Eindringlingen auf der Hut ist, finden wir Möglichkeiten, uns voreinander zu schützen. Wir treiben darum diesen Prozeß ein Stück weiter und versehen uns gegenseitig mit Etiketten, um unsere Entfremdung voneinander vernünftig zu begründen. Die Folge ist, daß die Gemeinsamkeit unseres Menschseins so weit zusammenschrumpft, daß wir einander nur noch über die Bilder wahrnehmen, die wir in unseren Köpfen gegenseitig voneinander produzieren. Schon früh weiß das Ich, daß es am besten auf Distanz bleibt, wenn es seine kostbare, individuelle Identität wahren will. Glücklicherweise gibt es allerdings immer wieder Anlässe, bei denen wir es nicht vermeiden können, „anderen" von Angesicht zu Angesicht zu begegnen und etwas dazuzulernen. Hier folgt ein Beispiel aus meiner eigenen Erfahrung.

Mein Mann und ich fuhren mitten in einem mörderischen Unwetter durch das ländliche Tennessee, und ein Tornado war uns auf den Fersen. Die Blitze schlugen so nah in unserer Umgebung ein, daß ich einmal glaubte, einer habe direkt unser Wagendach getroffen. Der Regen rann in dicken Strömen über unsere Windschutzscheibe, und die Landstraße, auf der wir fuhren, lag tief in Wasser und Schlamm. Wir wußten nicht, wovor wir mehr Angst haben sollten, vor dem Weiterfahren oder vor dem Abbiegen von der Straße in die Finsternis des uns umgebenden Waldes hinein. Wir beschlossen, so lange weiterzufahren, bis wir wenigstens Lichter sehen würden. Wir krochen also mit weniger als zehn Stundenkilometern so weiter, bis ich schließlich auf der gegenüberliegenden Straßenseite eine Raststätte für Fernfahrer bemerkte, die geöffnet hatte. Das hieß, wir mußten durch eine überflutete Zufahrt und einen Übergang navigieren und auf etwas zusteuern, was wie das Zentrum von Nirgendwo wirkte, aber wir beschlossen, das zu riskieren. Als wir uns der Tankstelle näherten, schaute ich durch die beschlagenen erleuchteten Fenster des daran gelegenen Cafés und sah zwei Männer in Overalls und eine Frau mit einer Schürze, die hinter der Theke stand und Toastbrote mit Butter bestrich. Im Fenster stand angeschrieben: „Good Food".

Es war vier Uhr morgens, wir waren die ganze Nacht gefahren, wir waren hungrig, und wir mußten auf die Toilette. Doch als wir schließlich unter der Überdachung der

Tankstelle standen, machte keiner von uns beiden Anstalten, aus dem Auto zu steigen. Schließlich begann mein Mann etwas zu sagen; er meinte, wir müßten tanken. Wir blieben so sitzen und waren anscheinend unfähig, unseren starren Blick von dem Wasser abzuwenden, das die Windschutzscheibe herunterlief. Schließlich gestanden wir uns ein, daß wir nicht aus dem Auto wollten, weil wir kein gutes Gefühl hatten, in dem Café etwas zu essen. So einigten wir uns darauf, lediglich zu tanken, auf die Toilette zu gehen, im Laden Konserven und Kaffee zu kaufen und den Sturm vollends im Auto auszusitzen. Keiner von uns beiden Stadtleuten wollte zugeben, daß wir eingefleischte Vorurteile über die Landleute hatten, und wir befürchteten, die Männer im Café könnten pistolenzückende „Rednecks" sein, die nichts Besseres zu tun hätten, als sich einen Spaß daraus zu machen, ein paar Yankees auszunehmen. Dann forderte die Natur ihr Recht, und wir stiegen beide aus dem Auto, um auf die Toilette zu gehen.

Mein Mann tankte das Auto voll und ich ging im Laden auf und ab, um etwas zum Essen zusammenzusuchen, als die Frau, die die Toastbrote gestrichen hatte, zu mir herkam und sagte: „Kommen Sie doch beide herein und gönnen sich ein ordentliches warmes Frühstück!" Ihre Stimme klang freundlich und ehrlich, und ich warf deshalb einen genaueren Blick in das Café. Es war blitzsauber, und seiner Größe nach war es zwar nur eine Höhle, aber es vermittelte ein heimeliges Gefühl. Man hatte sich große Mühe gegeben, es mit holzvertäfelten Sitznischen und Rüschenvorhängen auszustatten, und die beiden kaffeetrinkenden Männer trugen keine Schußwaffen. Einer war ein Farmer, der andere ein Truckfahrer. Der Farmer war ein älterer Mann, offensichtlich aus der näheren Umgebung, und er redete auf den Truckfahrer über das Wetter ein. Inzwischen stand mein Mann an der Kasse und wartete, um das Tanken zu bezahlen. Ich winkte ihn her und setzte mich in eine Sitznische gegenüber derjenigen des Farmers.

Zu meiner Überraschung bestand das Essen nicht nur aus Speck und Grütze, sondern auch aus warmem Müsli mit frisch gemahlenen Flocken samt Rosinen, Sahne und Honig (den ich extra bestellte), und es gehörte auch ein vegetarisches Omelett dazu, das man aus verschiedenen Zubereitungsarten auswählen konnte (wovon eines mein Mann bestellte). Der Filterkaffee war frisch gebraut und schmeckte mindestens so gut wie einer in einem besseren Café in der Stadt. Zudem war er einen Dollar billiger, und man konnte sich kostenlos nachschenken lassen. Die größte Überraschung kam jedoch, als der Farmer uns unvermittelt erzählte, was ihm heute morgen schon passiert sei. Er stand unter der Eingangstür seiner Scheune, als gerade die Sturmböen von Osten her einfielen, und als er aufschaute, sah er über sich eine Schar Wildgänse in Formation vorbeifliegen. Es gab einen heftigen Windstoß, und plötzlich „fiel mir eine dieser Wildgänse direkt vor die Füße, wie wenn sie einer vom Himmel heruntergeschlagen hätte." Natürlich erwartete ich, daß der Farmer weiterzählte, er habe ihr den Kragen umgedreht und sie seiner Frau heimgebracht, damit sie sie zum Abendessen zubereite. Doch an dieser Stelle mischte sich der Truckfahrer ein und fragte ihn, was dann passiert sei.

„Sie hatte einen gebrochenen Flügel. So trug ich sie in die Scheune und schiente ihn. Ich machte ihr eine Art Nest im Heu in der Ecke der Scheune zurecht, und jetzt warte ich ab, bis ihr Flügel geheilt ist. Dann lasse ich sie wieder raus, damit sie ihrer Schar nachfliegen kann. Diese Wildgänse fliegen doch nach Mexiko oder irgendwo da in den Süden, um dort den Winter zu verbringen, oder?"

Die Köchin fragte ihn, ob er die Gans nicht lieber zähmen und als Haustier halten wolle. Der Farmer schaute sie nachdenklich an und sagte dann gemächlich: „Nein, wenn ich sie gesund gepflegt habe, soll sie wieder in ihre natürliche Umgebung zurück . . ."

Ich muß immer wieder einmal an diesen tosenden Morgen im „Good Food"-Café denken, wenn ich mich dabei ertappe, wie ich Menschen mit einem Etikett versehe, statt mich unbefangen ganz auf sie einzulassen. Er erinnert mich daran, daß die Ehrfurcht vor dem Leben genauso zu unserem gemeinsamen Menschsein gehört wie der Hang zum Destruktiven und daß es ein gesegneter Augenblick sein kann, wenn man sich an einem finsteren, stürmischen Tag zu einer Schüssel Müsli hinsetzt.

KAPITEL ACHT

Richtiges Handeln

Wenn man am Spätnachmittag auf seinem Kissen sitzt und im Rhythmus des „Bumm, Bumm" des Balls vom Nachbarsjungen gegen die Hauswand draußen atmet, macht man die Erfahrung des Nichtgetrenntseins. Begegnet man dem anderen in Form eines Geräusches oder indem man einen Menschen oder ein Tier, eine Pflanze oder einen Stein anschaut und dabei jene ganz offene Achtsamkeit übt, die man sich in der Meditation erworben hat, dann erlaubt einem das, seine Aufspaltungen zu überwinden. Man wird dann weniger schlecht gesinnt, man urteilt nicht mehr vorschnell über andere. Erkennt man, daß man untrennbar in das Beziehungsnetz eingewoben ist, das dem gesamten Dasein zugrunde liegt, so muß man nicht mehr soviel nehmen und kann mehr geben. Man geht dann leichtfüßiger über diese Erde. Man verspürt weniger Haß und Wut. Und je leichter man wird, desto mehr wird man fähig, „ganze Mengen zu enthalten" („contain multitudes"), wie Walt Whitman formuliert hat. Der Wunsch, auf das Eine zu kommen, dem alle Buddhas dienen, läuft dann darauf hinaus, daß man sich fragt: Wie steht es um meine Beziehung zu diesem Planeten und den anderen Lebewesen, mit denen ich ihn teile? Inwiefern beeinträchtigen ich und meine Gesellschaft sie? In welchem Maß brauche und gebrauche ich sie? Wenn du nichts anderes bist als ich selbst, was kann ich dann dazu tun, um den Bruch zwischen uns zu heilen?

Statt *mit* allen Lebenwesen zu meditieren, meditiert man dann *als* alle Lebewesen: sowohl als Feind wie als Freund, als seltsam aussehendes Insekt und als bezaubernd schöner Vogel, als schmuddelige Frau, die einen Berg Einkaufstüten in ihrem Wagen schiebt, und als süß duftendes Baby im Kinderwagen. Alles existiert, weil das andere existiert, und alle sind ich. Diese Bewußtheit verändert die Weise, wie ich meine Welt sehe, höre, schmecke, rieche und anfasse. Ich bin dann nicht mehr der objektive Beobachter, sondern ein organischer, atmender Teilhaber an den biologischen, chemischen und sozialen Vorgängen auf diesem Planeten. Ich lebe so, daß ich meine Umgebung erhalte und nähre. Wenn ich die anderen als mich selbst erfahre, kann ich nicht anders, als mich dafür einzusetzen, ihr Leiden zu verringern, das Leiden der Tiere, Bäume und Flüsse wie auch das Leiden der Menschen. Zugleich schätze ich ihre Einmaligkeit und versuche nicht, ihnen meine Vorstellungen überzustülpen. Anders als Kaiser Wu kann ich so leben und handeln, ohne damit prahlen zu wollen. Das ist der Weg des *richtigen Handelns*. Jetzt folgt die Geschichte, wie ein Mann darum gerungen hat, ihn zu finden.

KOAN AUS DEM WIRKLICHEN LEBEN
Jason bringt eine Decke

Jason fand zum Zen, nachdem er seine Stelle als Football-Trainer an einer High School in Providence, Rhode Island, aufgegeben hatte. Er war ein großer, aufgeschlossener, blonder Mann mit Frau und zwei verheirateten Töchtern, und sein Interesse am Sitzen war geweckt worden, als seine Frau etwas gegen ihren zu hohen Blutdruck hatte tun müssen und sich auf Empfehlung ihres Arztes bei einem

Meditationskurs angemeldet hatte. Jason hatte sie zu mehreren Untersuchungen ins Krankenhaus begleitet und war zum Entschluß gekommen, sich um mehr als bloß um einige Entspannungstechniken zu bemühen. Sich mit dem Zustand seiner Frau abzufinden fiel ihm nicht leicht, weil das bedeutete, daß er sich auch seiner eigenen körperlichen Verletzlichkeit stellen mußte. Jason war zeitlebens ein hervorragender Sportler gewesen, hatte Football und Fußball gespielt und Gewicht gehoben. Er lief täglich zwei Meilen, erfreute sich guter Gesundheit und sah jünger aus, als er war. Wenn er jedoch mit ansah, wie seine um zwei Jahre jüngere Frau fast über Nacht alterte, kamen ihm Gedanken über das Leben und Sterben, die er nie zuvor gehabt hatte.

Jason schloß sich einer nahe gelegenen Zen-Gruppe an, die für ihr soziales Engagement bekannt war. Einmal monatlich sammelten die zendo-Mitglieder und ihre Familien sonntags vormittags nach dem zazen Kleider, Spielsachen und Haushaltsgeräte, die Jason dann mit seinem großen Ford-Lieferwagen zur örtlichen Veteranenorganisation brachte. Er freundete sich dadurch so mit den Veteranen an, daß er oft nach dem Abliefern noch bei ihnen blieb, um sich mit ihnen zusammen im Fernsehen Footballspiele anzuschauen. Wenn das Wetter gut war, spielte er auch zusammen mit ihnen einen Runde Touch-Football. Als ehemaliger Marinesoldat und Football-Trainer tat er sich leicht, einen Draht zu den Männern zu finden, und bald kehrte er regelmäßig bei ihnen ein. Jasons direkte, unkomplizierte Art, sich einfach als einer von ihnen zu geben, brachte ihm bei den Veteranen soviel Sympathien ein, daß sie ihn schließlich baten, ein Übungsprogramm für kriegsversehrte Männer zu leiten. Als besonders großartige Belohnung seines Einsatzes empfand er es, daß schließlich sein Gewichtheber-Kurs eine kleine Gruppe verbitterter entlassener Vietnam-Veteranen anzog, die zunächst weggeblieben waren. Nach und nach fanden auch sie sich mit dem Freiwilligen sonntags morgens an der Verladerampe ein und waren bereit, beim Entladen des „Zenmobils" mit Hand anzulegen.

Dieser soziale Einsatz machte Jason solche Freude, daß er sich schließlich ganz aus seinem Ruhestand locken ließ und der Allgemeinheit als Vollzeit-Ehrenamtlicher zur Verfügung stand. Seinen Lieferwagen stellte er mehreren Kirchengemeinden und gemeinnützigen Vereinen zur Verfügung, und er begann, Essen an Senioren auszufahren, behinderte Kinder in Rehabilitationszentren zu bringen und natürlich mehr Zeit bei den Veteranen zu sein.

Als er eines Tages an einer roten Ampel auf einem von Obdachlosen bevölkerten Platz anhielt, bemerkte Jason eine Frau, die auf einer Bank lag und sich mit alten Zeitungen zugedeckt hatte. Es war nicht das erste Mal, daß er über diesen Platz gefahren war, aber wie die meisten anderen Menschen hatte auch er sich so an den Anblick dieser hoffnungslosen Männer und Frauen gewöhnt, daß er sie übersehen hatte. Es war, als gehörten sie einfach mit zum Gesamtbild, genau wie die Gebäude oder die Tauben. Aber heute überraschte ihn zum ersten Mal die Wahrnehmung, daß da ein Menschenwesen unter alten Zeitungen lag und daß er trotz seines Bemühens, seinen Geist durch tiefes und langsames Atmen zu beruhigen, nur Abscheu empfand.

Wie viele andere Menschen auch, so hatte Jason das Zen mit der Vorstellung begonnen, Meditation sei ganz Wohlbefinden und Licht. Schließlich ließ er sich auf einen spirituellen Weg ein, und der konnte nur dazu dienen, aus ihm einen besseren Menschen zu machen. Man könnte sagen, daß er sich mit seiner Erwartung, er werde moralisch vervollkommnet, nicht allzusehr von Karin unterschied, die

114

gehofft hatte, das zazen werde sie von ihrem körperlichen Kranksein „heilen". Das letzte, was Jason als Frucht der Meditation erwartet hätte, war die Entdeckung, daß er alles andere als wohlwollende Gefühle hegte, zumal den vom Leben weniger Begünstigten gegenüber. Natürlich sah er ein, daß man einem Mann, dem beide Beine abgerissen worden waren und der deshalb nicht mehr in der Lage war, sich selbst zu wehren, keinen Vorwurf machen konnte, wenn er depressiv wurde und in seinem Rollstuhl versank, oder wenn ein leicht hirngeschädigtes Kind seinen Rappel bekam und sich nicht in seinen Sitz schnallen lassen wollte. Diese Menschen konnten nichts für das, was ihnen zugestoßen war. Aber die Frau auf der Bank verfügte über ihre Arme und Beine, und ja, sie mochte irgendein psychisches Problem haben, aber das haben eine Menge anderer Leute auch. Sie war an ihrer derzeitigen Situation eindeutig selbst schuld.

Jasons grober Individualismus ist so sehr Bestandteil unserer Kultur, daß er inzwischen zum Klischee geworden ist. Bewußt oder unbewußt teilen ihn die meisten von uns. Wir sind der Auffassung, wer nicht selbst versuche, Boden unter die Füße zu bekommen, verdiene nicht unsere Hilfe. Natürlich, den Typ aus dem Armenviertel, der eine Goldmedaille bei den Olympischen Spielen erringt, den barfüßigen Jungen, der es von seiner rohen Holzhütte in den Wäldern zum Präsidenten bringt, oder die schwarze Neurochirurgin, deren Mutter Zimmermädchen war, finden wir großartig, aber mit unproduktiven Blindgängern haben wir keine Geduld. Wir sind von unseren grenzenlosen Ressourcen und unseren überladenen Supermarktregalen derart verdorben, daß die im Elend lebenden Millionen jenseits der Ozeane genausogut auf dem Mars wohnen könnten. Wenn wir die menschlichen Wracks nicht anschauen wollen, die auf unseren eigenen Straßen hausen, können wir jederzeit heimgehen und uns ins Leben der Reichen und Berühmten einklinken. In dieser Art Umgebung kann sogar die Spiritualität zu einer Art von erholsamem Hobby werden.

Ich vergesse nie ein Gespräch, das ich mit einem Börsenmakler hatte, der über die hohen Steuern jammerte, die er zahlen mußte, nachdem er eine größere Erbschaft gemacht hatte. Wir waren beim Vortrag eines Jesuitenpriesters gewesen, der Spenden für die Kinder in Nicaragua sammelte, und es hatte den Börsenmakler empört, daß man ihn angesprochen hatte, „auch noch etwas für das Aufziehen von Kommunisten zu zahlen". Der Vortrag hatte vom Schicksal der Bauern in einem Kaffeeanbaugebiet gehandelt, die besonders stark vom Bürgerkrieg in Mitleidenschaft genommen worden waren. Viele Kinder starben durch Erreger im schlechten Trinkwasser, denn es gab dort nicht genügend Holz, um das Wasser abzukochen. Als ich äußerte, das Geld werde vielleicht für das Anlegen einer Wasserleitung und das Installieren einer Stromversorgung verwendet, sagte der Mann unwirsch: „Ich war schon in Südamerika und weiß, daß es in allen diesen Kleinstädten durchaus Läden gibt, in denen sich die Bauern Glühbirnen kaufen können." Ich faßte diese Bemerkung eines Mannes mit College-Abschluß als vorsätzliche Ignoranz auf und brach das Gespräch an dieser Stelle ab. Was mir noch mehr aufstieß, war mein Wissen darum, daß dieser Börsenmakler ein großzügiger Geldgeber und Schüler eines der heute bekanntesten und am stärksten sozial engagierten buddhistischen Lehrers war.

Nach innen zu schauen bedeutet, fähig zu sein, sich allem zu stellen, was in einem aufsteigt, selbst wenn es höchst unangenehm ist. Tatsächlich ist es so, daß, wenn wir mit dem Üben anfangen, ein guter Teil unserer Zeit

116

davon in Beschlag genommen ist, daß wir uns mit unserem ureigenen Bündel an Gier, Haß und Dummheit herumschlagen. Von daher stammt der Brauch, vor dem formellen Sitzen die traditionellen Zen-Gelübde zu singen, „die vielen Wesen zu retten". Das erinnert uns daran, daß wir trotz des abscheulichen Zeugs, das wir womöglich während des zazen aufgewühlt haben, immer noch darum bemüht sind, das Leiden zu beenden, einschließlich des Leidens, das wir anderen zufügen, indem wir sie zu Objekten unseres sogenannten wohlmeinenden Tuns degradieren. Tatsächlich geschah es eines Abends während des Singens der Großen Gelübde nach dem zazen, daß Jason mit seiner Abneigung gegen die obdachlose Frau, die er auf der Bank hatte liegen sehen, fertig wurde. Er rezitierte gerade die Zeile: „Zwar sind die Wesen unzählige, aber ich gelobe, sie zu retten", als ihm das Bild vor Augen trat, wie sie da lag, zugedeckt mit den Zeitungen. Jeden Tag, wenn er über diesen Platz fuhr, sah er sie auf der gleichen Bank liegen, mochte es regnen oder sonnig sein, und jetzt war ihm, als sei sie Teil seines Übens geworden. Das führte bei ihm zum Entschluß, anzuhalten und mit ihr zu reden, statt immer nur an ihr vorbeizufahren.

Jasons Entschluß war ein Zeichen dafür, daß er mit dem Üben weiter vorangekommen war. Als er mit dem Meditieren begonnen hatte, hatte er von sich ein ziemlich selbstgefälliges Bild gehabt: Jason, der wohltätige Geber, und die weniger Glücklichen als dankbare Empfanger seiner Gaben. Aber in letzter Zeit lief sein Meditieren nicht mehr so gut. Wenn er das Räucherstäbchen anzündete und seine Kissen in der Meditationsecke zurechtlegte, die er und seine Frau sich im Schlafzimmer eingerichtet hatten, hatte er immer das Gefühl, eine bedrohliche Wolke ziehe herauf. Statt sich nach zehn Minuten des Atemzählens von einer Woge des Wonnegefühls getragen zu spüren, plagte ihn die Unsicherheit. Was würde er tun, wenn seine Frau sterben sollte? Würden seine Pension und die Krankenversicherung zur Finanzierung einer lang andauernden Krankheit ausreichen? Was wäre, wenn er einen Unfall hätte? Jason hatte solchen Gedanken noch nie nachgehangen. Es war, als hätte die Frau auf der Bank sie irgendwie in ihm aufgewühlt.

Ich habe früher schon erwähnt, daß das zazen für manche Menschen physisch schmerzvoll sein kann. (Erinnern wir uns an Patak, dessen Rückenprobleme es ihm schwermachten, längere Zeit am Stück mit gekreuzten Beinen am Boden auf einem Kissen zu sitzen.) Doch in mancher Hinsicht fällt das Meditieren Menschen, die sich mit physischen Schmerzen herumschlagen müssen, leichter als solchen, die ohne Schwierigkeiten sitzen, aber gezwungen sind, sich mit den viel tiefer greifenden Schmerzen zu beschäftigen, die ihnen ihr Geist bereitet. Jason gehörte zu den letzteren. Sein Geist war so starr und unbeugsam, wie sein Körper drahtig und gelenkig war. In einem Zen-Gedicht des japanischen Meisters Torei aus dem 18. Jahrhundert heißt es, man solle sich vor denen, die einen quälen, tief verneigen und sie als Inkarnation des Buddha ansehen. Bassui, ein mittelalterlicher japanischer Reformer, der aus seinem Zen viele traditionelle buddhistische Rituale verbannte, behielt die Anweisung, „die Verneigung zu machen" für die Schüler bei, die unbedingt noch „den Mast ihres Ego senken mußten". Ich glaube nicht, daß die beiden Meister damit meinten, man müsse tatsächlich auf die Knie gehen und sich vor dem Betreffenden verneigen, wenn jemand mitten in der Nacht bei einem das Telefon läuten läßt und dann aufhängt oder der Chef einen im Krankenhaus besucht, um einem zu eröffnen, man sei entlassen.

118

Vielmehr bedeutet das, man solle diejenigen, die einem auf die Nerven gehen, einem Angst machen oder einen sogar verletzen, mit neuen Augen sehen. Es bedeutet, daß man seine starren Vorstellungen darüber aufgeben soll, was man verdient und welche Rolle der andere dabei spielt, die Knoten im eigenen Geist auflösen zu helfen. In Jasons Fall bestand der erste Schritt dieser Geste des Sich-Verneigens darin, auf die Frau auf der Bank zuzugehen.

Zu seiner Überraschung war sie nicht nur zum Reden bereit, sondern erwies sich sogar als recht redegewandt. Bei ihrem ersten Gespräch erfuhr er, daß sie einen Magisterabschluß in Englisch besaß und an der gleichen High School unterrichtet hatte, an der er das Football-Team trainiert hatte! Ehe er sie noch weiter ausfragen konnte, fügte die Frau rasch hinzu, sie habe sich erst unlängst um ihre Entlassung aus der psychiatrischen Abteilung eines städtischen Krankenhauses bemüht. Jason war erstaunt, daß sie das hatte tun können, und beschloß, in die Bücherei zu gehen und sich über die diesbezügliche Rechtslage zu erkundigen. Als jemand, der für eine feste öffentliche Ordnung war, entdeckte er zu seinem Schrecken, daß nach der neuen Gesetzgebung über die Rechte von Patienten die Krankenhäuser psychisch kranke Patienten, die nicht als gefährlich für sich selbst oder andere galten, nicht länger als dreißig Tage behandeln konnten. Jason war über dieses Gesetz entrüstet. Seine paternalistische Einstellung gegenüber den „weniger vom Glück Begünstigten" hatte ihren ersten Schlag erlitten.

Im Lauf der nächsten Wochen erfuhr er den Vornamen der Frau: Delia. Je nach ihrer Stimmung gerieten ihre Gespräche entweder sehr lang oder sehr kurz. Sooft sie spürte, daß Jason versuchte, sie dazu zu nötigen, zur Weiterbehandlung wieder ins Krankenhaus oder „zumindest in eine

Unterkunft" zu gehen, verfiel Delia in unverständliches Geplapper. Es wurde bald klar, daß sie sich auf seine „vernünftigen" Vorschläge absolut nicht einlassen wollte. Ja, je mehr Mühe sich Jason gab, ihr zu helfen, desto stärkeren Widerstand leistete ihm Delia. Schließlich wurmte ihn ihre Undankbarkeit derart, daß er zwei Wochen lang einen Bogen um sie machte, um sie auf dem Platz gar nicht mehr sehen zu müssen.

Während dieser zwei Wochen war Jasons zazen voller Zerstreuungen. Der „Beobachter" in seinem Geist, der seinen Fortschritt registrierte, war ganz widerwärtig geworden. Sobald er sich auf das Atemzählen einließ und sich zu entspannen versuchte, kam ihm der Gedanke an Delia und plagte ihn. Seinem Geist widerfuhr irgend etwas Schlimmes, diesem freundlichen Kumpel in seinem Inneren, mit dem er nun schon mehr als sechzig Jahre zusammenlebte. Der Knacks in seiner sorgfältig gepflegten Person war zu einem breiten Riß geworden; er spürte, wie sie zerbröselte. Er mußte rasch handeln, um sie zu reparieren. Jason beschloß, wieder auf den Platz zu gehen und zu versuchen, Delia in ein Übergangswohnheim zu bringen. Der Herbst wich schon dem Winter, und er wollte nicht mitansehen, wie sie sich auf ihrer Bank zu Tode fror. Bisher hatte sie seine Angebote, ihr etwas zum Essen zu bringen, dankend abgelehnt; sie bekomme genügend Geld von der Fürsorge, um es sich selbst kaufen zu können, und am liebsten gehe sie zu McDonald's. So brachte er ihr diesmal statt Nahrungsmitteln eine Decke mit. Aber Delia war nicht da.

Jason setzte sich auf die leere Bank. Es fing an zu nieseln. Er wickelte sich in die Decke. Als ihn die rauhe Wolle im Gesicht kratzte, überkam ihn ein tiefes Verlustgefühl, und er begann zu weinen. Was hatte er verloren? Er wußte es nicht; jedenfalls war es etwas ihm Kostbares, ohne das er nicht leben konnte. Er wollte es lokalisieren, aber es hatte keinen Ort. Verzweifelt wollte er es benennen, aber er konnte es nicht. Es war nicht ein Etwas, sondern ein Mensch. Nicht „Delia" und nicht „Jason", sondern „Delia" und „Jason" in einem. Tatsächlich waren beide austauschbar. Wer saß also hier in die Decke gekauert? Jason spürte, wie sein Geist unter dem Gewicht dieser Frage zerplatzte. Ohnmächtig, Widerstand zu leisten, ließ er sich in einen weiten, finsteren Raum hinausschleudern. Es war Delia, die auf der Bank saß und sich derzeit als Jason manifestierte. Nein, nicht das einmal war es. Es war niemand, der auf der Bank saß. Und zugleich saßen alle auf der Bank. Jason blickte auf. Vor ihm stand Delia und hielt in jeder Hand eine Tüte von McDonald's. „Hier, ich habe dir etwas zum Essen mitgebracht", sagte sie.

Natürlich, da war es! Und es war gleichzeitig so einfach: Da stand einfach Delia im Nieselregen und bot ihm einen Hamburger an. Sein Herz strömte über vor Dankbarkeit, und Jason streckte die Hand aus und nahm von ihr die Tüte entgegen.

Nach Monaten des Kämpfens darum, es festhalten zu können, ließ Jason schließlich sein Wohltäter-Image endgültig fallen. Wieder ganz klein geworden, war er Delia gegenüber zu großem Dank fähig, daß sie ihm die Hohlheit seiner „guten Werke" vor Augen gehalten hatte. Aber noch wichtiger war, daß er zu dem Wissen erwacht war, ohne sie überhaupt nicht zu existieren.

Der Zen-Meister Yoko Daishi hat bemerkt: „Das ichzentrierte Verdienst . . . ist, wie wenn man einen Pfeil in den Himmel schießt. Nimmt die Kraft ab, so fällt er wieder zur Erde, und dann läuft alles falsch." Es genügt nicht, für andere Sympathie zu empfinden, um die Schranken niederzureißen, die das Ich zum Zweck aufbaut, seine erhabene

Rolle zu wahren; dazu bedarf es vielmehr eines Aktes der Gemeinschaft. In Jasons Fall hatte das jahrelange Denken „Hier gehe ich mit der Gnade Gottes meinen Weg" es ihm nur noch schwerer gemacht, die Einmaligkeit, die in Delia steckte, wahrhaben zu wollen. Statt sie einfach die sein zu lassen, die sie war, hatte er immer wieder hartnäckig versucht, sie die Welt gemäß seinen Bedürfnissen erfahren zu lassen: Wenn er in ihrer Haut stecken würde, dann würde er lieber in einem warmen Krankenhausbett statt auf einer Bank schlafen. Aber beim Mitleiden geht es nicht darum, über richtige Aufenthaltsorte zu verhandeln. Es geht vielmehr darum, den Versuch aufzugeben, andere zu beherrschen, weil wir meinen zu wissen, was für sie das richtige ist. So sollten wir wie Jason entdecken, daß es manchmal besser ist, etwas anzunehmen, statt etwas zu geben.

KAPITEL NEUN

Die zehntausend Dinge

Der große japanische Meister Dogen faßt das Wesen der Zen-Übung in nur zwei Sätzen zusammen:

Das Selbst voranzubringen und die zehntausend Dinge wahrzunehmen ist Täuschung. Erleuchtung ist, wenn die zehntausend Dinge vorankommen und das Selbst wahrnehmen.

Der Begriff „die zehntausend Dinge" ist eine alte chinesische Metapher für die Welt der Form. Sie umfaßt zusätzlich zu den ego-getriebenen, im Lebenskampf befindlichen Menschenwesen eine unendliche Vielzahl empfindender und nichtempfindender, nichtmenschlicher Wesen. Heute ist zum ersten Mal seit zweihundert Jahren wieder eine lebhafte Debatte über die Beziehung der Menschenwesen zu diesen anderen Lebensformen im Gange. Offensichtlich haben wir die Verbesserung unserer Lebensbedingungen mittels unserer technologischen Fortschritte auf Kosten sehr vieler nichtmenschlicher Arten vorangetrieben; das hat sogar zur Auslöschung vieler Arten geführt. Wie sehr wir unsere Einstellung zur „Natur" geändert haben, beweist die Tatsache, daß wir Menschenwesen das überhaupt nicht mehr wahrnehmen. „Natur" ist die im Westen geläufige Metapher für die Welt der Form. Die westliche Tradition vertritt, daß die Menschen als Herrscher über die Natur eingesetzt sind, um sie so zu benutzen, wie es ihnen zum besten zu gereichen scheint. Dieser Anthropozentrismus rechtfertigt dies damit, daß das menschliche Gehirn alles andere übertrifft, und darum setzt er die Menschenwesen ins Zentrum der Welt der zehntausend Dinge.[4]

Hält man sich Dogens Ausspruch vor Augen, so kommen einem zwei Dinge in den Sinn: Erstens, daß es nicht möglich ist, das Zen zu praktizieren und an einer anthropozentrischen Sicht der Natur festzuhalten, die das Selbst verherrlicht; und zweitens, daß die komplizierte Vielfalt der Formen die individuelle menschliche Existenz bestätigt und nicht umgekehrt. Mittels des zazen kommen wir so weit, daß wir uns selbst nicht mehr als Herren über die Natur betrachten, sondern als eine wunderbar komplexe Manifestation dieser Natur. Wendet man die Achtsamkeit auf alle Lebensbereiche an, so offenbart sie uns, daß die Menschenwesen und alle anderen Wesen symbiotisch leben und in wechselseitiger Abhängigkeit von Augenblick zu Augenblick entstehen. Nehmen wir zum Beispiel die nichtmenschlichen Tiere. Es gibt eine Fülle von Koans, in denen von Tieren die Rede ist, und zwar nicht in Form von Fabeln, in denen in der Manier Aesops mittels bestimmter Tiere menschliche Verhaltensweisen illustriert werden, sondern um der Tiere selbst willen. Als der chinesische Zen-Meister Nansen von Dorfleuten, deren Wasserbüffel die Felder gepflügt hatten, von denen sein Kloster lebte,

---

[4] Angesichts der Winzigkeit unseres Planeten im Weltall haben allerdings viele angefangen, diesen Standpunkt in Frage zu stellen. Diejenigen, welche zum Schluß gekommen sind, das anthropozentrische Modell trage nicht länger, bezeichnen sich selbst als *Tiefenökologen*. Es bedürfte einer ausführlicheren Erörterung der derzeit vorhandenen Sichtweisen. Doch mag hier der Hinweis darauf genügen, daß es die „neue" Sorge der Menschen um die Umwelt schon mehrere tausend Jahre gibt und sie zum Kernbestand der Zen-Lebensweise gehört.

nach seiner nächsten Inkarnation gefragt wurde, gab er zur Antwort: „Ich komme wieder als Wasserbüffel auf eure Weide." Damit wollte er nicht die Einsicht der Dorfleute beleidigen, sondern vielmehr das karmische Band zwischen menschlichem und tierischem Leben ansprechen. Nansen war bezüglich der Tiere nicht sentimental, noch vermenschlichte er sie. Er feierte vielmehr die „Nicht-Zweiheit" von Mensch und Wasserbüffel und verlieh gleichzeitig der Einmaligkeit ihrer jeweiligen Form ihre Würde. (Was sich von Haustiernarren nicht sagen läßt, die ihre Lieblinge in Kaschmir-Pelzmäntelchen hüllen und ihnen geschmückte Halsbänder umlegen.)

Während ich hier sitze und schreibe, verschwinden mehr als tausend Tier- und Pflanzenarten von unserem Planeten. Unlängst haben die Vereinten Nationen einen Bericht veröffentlicht, demzufolge dieser Prozeß infolge der Aktivitäten des Menschen „in alarmierendem Tempo" weitergeht. Die Wissenschaftler, die diesen Bericht erarbeitet haben, äußern die Sorge, das Verschwinden vieler wilder Tiere bedeute eine Verringerung der „Ressourcen" für die Menschen; sie sind also deshalb besorgt, weil der Verlust dieser Arten unser eigenes Überleben bedroht. Ich würde sagen, es handelt sich hierbei um ein ziemlich oberflächliches Verständnis der wechselseitigen Abhängigkeit. Wenn den Menschenwesen, die den ständigen Überfluß gewöhnt waren, eine kritische Mangelsituation droht, neigen sie zur Panik und bangen um ihr eigenes Leben.

Fast fünfundzwanzig Jahre lang kämpfen „engagierte" Buddhisten und andere spirituell gesinnte Aktivisten schon um eine Verlangsamung des Tempos der Ausrottung von Arten. Im westlichen Teil der USA werden derzeit einige der heftigsten Auseinandersetzungen zum Thema Umwelt über das weitere Schicksal der Wildtiere geführt.

Der buddhistische Aktivist Bill Duval klagt zum Beispiel an, daß derzeit in Oregon der Schwarzbär von Jägern und Landentwicklern verteufelt werde. Er schreibt, es habe eine Zeit gegeben, in der Bären und amerikanische Ureinwohner fast „Seite an Seite" in ein und denselben Flüssen und Strömen gefischt hätten. Damit will er nicht die Beziehung zwischen Ureinwohnern und Bären romantisieren; er will vielmehr darauf hinweisen, daß es tatsächlich einmal eine Kultur gegeben hat, die auf der lebendigen Erfahrung wechselseitiger Abhängigkeit beruht hat. Doch das ist lange her, und obwohl es inspirierend sein mag, altüberlieferte Kulturen zu studieren, werden heutige Umweltaktivisten mit technologischen Herausforderungen konfrontiert, die die eingeborenen Völker nie gekannt haben. Es ist eine auf den Kopf gestellte Welt, in der Förster, die zum Schutz der Tiere eingesetzt sind, gewehrschwingende Tierschützer abwehren müssen, die von ihrer Behörde losgeschickt werden, um die Wildtiere abzuschießen, die die Förster schützen sollen.

Ich kenne einige Zen-Übende, die dort draußen an vorderster Front kämpfen, Tiere eigenhändig retten und bei diesem Einsatz eine fast märchenhafte Beziehung zu ihnen entwickeln, wie etwa mein Freund Victor.

KOAN AUS DEM WIRKLICHEN LEBEN
Victor begegnet einem Bären

Von Kindheit an war Victor eine Abenteurer- und Poetennatur gewesen und hatte sich immer abseits der ausgetretenen Pfade herumgetrieben. Aufgewachsen war er in einer Familie von Umweltaktivisten in der Nähe von Oregons Küstenregenwald. Er wußte schon früh, daß er es sich zur

Lebensaufgabe machen würde, dieses Land zu erhalten. Nachdem er in Berkeley mit einem Diplom in kreativem Schreiben abgeschlossen hatte, nahm er einen Job als Wanderführer im Yellowstone National Park an. In den Wäldern zu leben und Gedichte zu schreiben war alles, was er sich nur wünschen konnte. Victor hielt sich für den glücklichsten Menschen auf Erden. Die Frucht eines ganzen Jahres, das er nachts in seiner Hütte verbracht und dabei niedergeschrieben hatte, was ihm der Wind, die Bäume und die Tiere eingaben, waren zwei Gedichtbände und ein Semester als „poet in the schools" im pazifischen Nordwesten. Während dieses Semesters verliebte er sich in eine Frau, die ihn ins Zen einführte. Die Beziehung zu dieser Frau endete, als Victor im Frühjahr wieder nach Yellowstone zurückkehrte, aber das Zen behielt er bei. Victor richtete sich so ein, daß er regelmäßig mit einer Zen-Gruppe in Wyoming sitzen konnte, die nur 25 Meilen vom Park entfernt war.

Die Meditation fiel ihm leicht; er hatte sich den Stimmungen und Gesängen des Waldes schon sein Leben lang ausgesetzt und in seiner ländlichen Umgebung wenig Zerstreuung gefunden. Eine gleichgesinnte Gruppe von Tiefenökologen, denen ihr erster Lagerplatz sehr teuer war, hatten am Rand des Nationalparks ein Holzhaus-zendo eingerichtet. Doch in letzter Zeit war die Gruppe zunehmend in den Kampf gegen vordringende Bergbauinteressenten, Landentwickler und wohlmeinende Wildtier-Spezialisten verwickelt worden, die angeblich vom „Fish and Game Department" ausgesandt waren, um Bären, Rotwild, Karibus und Wölfe zu „schützen". Nach einer besonders verheerenden Serie von Waldbränden wurden örtliche und staatliche Regierungsbeamte hergeschickt, um die Schäden abzuschätzen. Danach, als es um Maßnahmen zur Wiederauf-

forstung ging, fanden sich Victor und seine Gruppe zunehmend von außen her angegriffen.

In den frühen achtziger Jahren wurde es Victor klar, daß
er nicht länger das idyllische Leben seines Helden und Vor-
bilds Henry David Thoreau führen konnte. Gemeinsam
mit mehreren anderen Mitgliedern seiner Zen-Gruppe
machte er einen Kurs in Umweltrecht mit und startete einen Kreuzzug zum Schutz der Bioregion vor Holzfällern,
Bergbaubetreibern und Landentwicklern. Unterstützt von
mehreren örtlichen Native-American-Aktivisten, Wissen-
schaftlern und Hausbesitzern, waren Victor und seine
Freunde bald die Vorhut beim Kampf um den Erhalt der ge-
fleckten Eule. Daß seine geliebte Existenz als Einsiedler in
den Wäldern endgültig dahin sei, wußte er mit Gewißheit
an dem Tag, als er sein Photo auf der Titelseite der örtlichen
Zeitung fand mit der Schlagzeile: „Naturpoet wird Um-
weltaktivist". Diese Begebenheit markierte auch den Anfang einer Wende in Victors persönlicher Praxis, und sie fiel
zeitlich mit dem Beginn einer ganz neuen Richtung im
amerikanischen Zen zusammen.

Ein ganz bemerkenswerter Zug am Zen ist seine Spannkraft und Anpassungsfähigkeit. Das Zen hat es immer und
überall geschafft, sich passend einzurichten, vom meta-
physischen Indien bis zum erdhaften China, vom philoso-
phischen Korea bis zum kriegerischen Japan. Zwar nehmen
im Lauf dieser Anpassungen seine Farbe und sein Stil recht
unterschiedliche Formen an, aber der meditative Kern der
Übung bleibt immer derselbe. Weil es die Betonung auf die
unmittelbare Erfahrung und nicht auf vergangene Traditionen und Rituale legt, kommt das Zen immer in lebendigen
Übenden zum Ausdruck. Immer geht es darum, was in
ihrem Leben hier und jetzt vor sich geht. Der japanische
Laien-Zen-Lehrer Shin'ichi Hisamatsu hat das so ausge-

drückt: Das Zen sei „bezogen auf die Formung der Welt (und) die Erschaffung der Geschichte". Hisamatsu kämpfte in seiner Gesellschaft gegen das an, was er als reaktionäre Verherrlichung der Vergangenheit erachtete, weil es nicht länger möglich sei, daß das Zen ein „Waldbuddhismus" bleibe, nämlich abgekoppelt von der normalen Alltagswelt. Auf unserem heutigen Erdball, wo die Entfernungen immer mehr schrumpfen und es keinen Platz mehr zum Sich-Verstecken gibt, klingen seine Worte ganz besonders überzeugend.

Victor und seine „Naturliebhaber" wohnten auf der gegenüberliegenden Seite des Pazifik und gehörten zu den ersten, die dem Zen begegneten und rasch dabei waren, es mit amerikanischem Geist auszustatten. Die Umweltkrise sollte ihre Praxis sehr bald auf die Probe stellen. Warum? Weil dann, wenn die eigene Welt tagtäglich physisch bedroht ist, die Dringlichkeit wächst, seine Achtsamkeit auf das zu richten, was Thich Nhat Hanh als interbeing („Dazwischen-", „Mit-Sein") bezeichnet. Man kann sich das schwer vorstellen, wenn man weit fort vom Konfliktherd lebt, aber sobald man auch nur kurze Zeit in ihn hineingerät, wird das Umkehren unmöglich. Hat man sich selbst je als den Schrei des Adlers erfahren, als das Klatschen des Lachses oder das Donnern der Bisonherde, dann ist man untrennbar mit dem Leiden dieser Geschöpfe verbunden. Man sollte allerdings diese meditative Achtsamkeit keinesfalls mit bloßer Empathie verwechseln. Die Empathie kommt von außen. Im Zen dagegen erfährt man das andere als das eigene Selbst. Aus einer solchen Perspektive sind die Tiere nicht dazu da, um uns zu bedrohen, zu bereichern oder zu unterhalten, sondern sie sind wir. Gleichzeitig schätzt und respektiert man ihre einmaligen Formen und Wohnräume. Wir sind wie sie nur vorübergehende Mieter in einer ge-

129

meinsamen Wohnung. Da uns diese Perspektive gefehlt hat, haben wir angefangen, die Tiere zu verdrängen. In unserem Bedürfnis nach Ellenbogenfreiheit haben wir das Gefühl, sie nähmen uns den Platz weg, den sie nicht verdienen, und verhinderten, daß mehr Menschen Arbeitsplätze finden. Ein wütender Farmer in Idaho hat das so formuliert: „Na, da gibt es sogar so Deppen, die verlangen, wir sollten keine Pelze mehr tragen und kein Fleisch mehr essen!"

Wir wollen den von Menschen gemachten Unbilden des Stadtlebens entfliehen und ziehen immer weiter in die freie Natur hinaus, und dabei bringen wir alle unsere Probleme mit dorthin. Man kann leicht romantische Vorstellungen über Bären und Pumas pflegen, wenn man über sie in Zeitschriften liest oder ihre Possen in Naturfilmen im Fernsehen bewundert. Aber wenn sie anfangen, den eigenen Hausmüll zu durchwühlen oder Jogger anzufallen, sind wir die ersten, die verlangen, sie abzuschießen.

Tatsächlich geschah genau das, während Victor seinen Dienst im Yellowstone Park versah. Alarmiert von den wiederholten Besuchen eines Bären bei den Müllkästen in den Höfen von Häusern, die an den Park grenzten, schickte das Fish and Game Department eine Mannschaft los, die den Bären auf eine weiter von menschlichen Siedlungen abgelegene Seite des Parks umquartieren sollte. Wenn sich das als zu schwierig erweisen sollte, hatte sie den Auftrag, den Bären abzuschießen. Man hatte Victor ein Gewehr ausgehändigt und ihn mit der Mannschaft losgeschickt. Victor war schon jeder denkbaren Art von wildlebenden Tieren, die dieses Gebiet bevölkerten, begegnet. Einmal war er sogar auf eine Wölfin mit ihren Jungen gestoßen. Aber überraschenderweise hatte er während all der Jahre, die er im Wald verbracht hatte, noch nie einem Bären von Angesicht zu Angesicht gegenübergestanden. Er hatte einen mit dem

Fernglas von hinten beobachtet, aber das war alles gewesen. Während eines Kurzeinsatzes in den öffentlichen Schulen von Seattle hatte Victor die Bekanntschaft mit Dorsey Laws gemacht, einem Dichter vom Stamm der Nez Percé. Da ihn die Spiritualität der eingeborenen Amerikaner sehr interessiert und die Schriften seines Freundes ihn stark angesprochen hatten, hatte er eine einjährige Lehrzeit bei Dorsey mitgemacht und sich in die Traditionen dieses indianischen Dichters vertieft. Als sie eines Tages am Rand eines Wasserfalls gesessen hatten, überraschte Dorsey Victor damit, daß er ihm ein Gedicht vortrug, das er eigens für ihn verfaßt hatte. Es war ein ziemlich langes Gedicht gewesen, und darin hatte sich Victor in einen Bären verwandelt.

Während er jetzt auf dem Waldweg wanderte, fiel ihm Dorseys Gedicht wieder ein. Victor war sich ziemlich sicher, daß er den Bären finden würde, und er hatte durchaus nicht die Absicht, ihn abzuschießen. Da es keinen Sinn hatte, sich Sorgen darüber zu machen, was er in einer Situation tun sollte, die noch gar nicht eingetreten war, setzte er seinen Rucksack ab, legte das Gewehr auf den Boden und setzte sich auf einen umgefallenen Baumstamm. Nachdem er einige Minuten lang seinen Atem gezählt hatte, begann er sich auf die ihn umgebenden Geräusche zu konzentrieren.

Bassui, der bereits weiter oben erwähnte radikale Zen-Meister, der im Wald meditierte und sich zum zazen auf einen Baum zu setzen pflegte, ist auch der Autor eines heute noch gebräuchlichen Koan: „Wer ist der, welcher das Geräusch hört?" Wer über all das meditiert, was er mit den Ohren aufnimmt, und dabei mit diesem Koan übt, wird angewiesen, nur zu atmen und zu lauschen. Wenn sich das zazen vertieft, verschmelzen Atem und Geräusche, und die

Frage löst sich in der Erfahrung des Augenblicks auf. Victor hatte auf diese Weise ungefähr fünfzehn Minuten lang meditiert, als sein Atem mit dem Geräusch von Fußstapfen verschmolz, die durch das Laub raschelten. Er öffnete die Augen und sah, daß der Bär ihn anstarrte. Der Pelz des Bären war vom Feuer versengt worden, so daß sein ganzer Körper von großen kahlen, rosaroten Flecken übersät war. Victor rührte sich nicht und starrte seinerseits den Bären an. Dann hörte man sich nähernde Stimmen, und der Bär wandte sich ab und trottete davon. Victor stand auf, nahm sein Gepäck und folgte dem Bären. Er holte ihn in einem Dickicht verkohlter Bäume ein. Die Männer kamen gefährlich nahe. Er konnte hören, wie sie nach ihm riefen. Der Bär hörte sie und blieb stehen. Wieder standen sich Victor und der Bär von Angesicht zu Angesicht gegenüber, diesmal nur zwei Meter voneinander getrennt. Er schrie zu den Männern zurück: „Alles klar, ich habe auf dieser ganzen Seite hier nichts gefunden, aber ich glaube, ich habe gesehen, wie er in Richtung der heißen Quellen gezogen ist!" Der Bär stand reglos da. Victor kam es vor, als verstehe er ihn und sei bereit, ihm bei der nächsten Bewegung zu folgen. Er dachte nicht daran, was er als nächstes tun sollte, denn es war niemand da, der hätte denken sollen. Da war nur der Rhythmus eines sich im Raum bewegenden Körpers in der reinen Helle des Seins. Kein Victor. Kein Bär. Nur Bewegung.

Als die Männer außer Hörweite waren, drang er tiefer ins Dickicht hinein vor, und der Bär folgte ihm in den am dünnsten besiedelten Teil des Parks, der für Camper verboten war. Das Geräusch der Fußtritte sagte ihm, daß der Bär nicht weit hinter ihm war. Die Sonne setzte schon zum Untergehen an, als sie schließlich in einem dicht bewaldeten Hain anhielten, der vom Feuer unberührt geblieben war.

Sie hatten gemeinsam in respektvollem Abstand voneinander mehr als zehn Meilen zurückgelegt. Victors Ohren vernahmen das Rauschen eines Bachs voller Forellen. Das schien ein guter Platz für einen Bären zu sein. Er sah sich um und konnte gerade noch sehen, wie der Bär dem Geräusch des Wassers folgte.

Von diesem Tag an kam der Bär immer herausgetrottet, um ihn zu begrüßen, wenn Victor in diese Ecke des Parks kam. Sie standen sich dann immer auf wenige Meter Abstand gegenüber und schauten sich gegenseitig eine Zeitlang an, und dann gingen sie wieder ihrer getrennten Wege. In Zeiten einer einfacheren Denkungsart hätte man Victors Begegnung mit dem Bären als sakrales Ereignis gedeutet. Aber heutzutage ist unsere Denkungsart nicht mehr einfach. Victors Enkel werden vielleicht nie mehr einen Bären sehen, womöglich nicht einmal mehr im Zoo. Das wäre schlimm, denn wie der Zen-Geschichtenerzähler und Tierschutzaktivist Mobi Ho warnt: „Wenn die Tiere verschwunden sind, verschwindet auch unser Menschsein."

KAPITEL ZEHN

Ewigkeit in einem Sandkorn

Es ist leicht, sich mit lebendigen, atmenden Tieren, vor allem Säugetieren, zu identifizieren, denn sie ähneln uns in der Art, wie sie sich ernähren, zusammenleben, kämpfen und Junge zur Welt bringen. Doch die meisten von uns würden sich schwertun, ihr Ebenbild in einem Blatt oder Stein oder Sandkorn zu erkennen. Der britische Dichter William Blake im 18. Jahrhundert gehörte zu diesen wenigen Meditierenden, die das konnten. Wie Dogen in Japan fünfhundert Jahre vor ihm, besaß auch Blake ein Sehvermögen, das scharf genug war, um selbst die geringsten der zehntausend Dinge in seine Schau mit einzubeziehen. Wenn, wie Blake uns sagt, uns die Ewigkeit in einem Sandkorn aufgehen kann, dann gibt es nichts, was nicht „heilig" wäre. In diesem wunderbaren Universum, in dem, wie es in einem *Koan* heißt, „Schlangen und Drachen miteinander leben", gibt es keine Trennung von Geist und Materie.

Es amüsiert mich, wenn ich höre, wie manche die Zen-Übung damit vergleichen, daß man „anhält, um den Duft einer Rose zu riechen". In solchen Fällen erzähle ich von Meister Unmon, der auf die Frage „Was ist Buddha?" die Antwort gab: „Ein dürrer Scheißstock!" Damit war im alten China das gemeint, was wir heute als benutztes Toilettenpapier bezeichnen würden. Nichts liegt außerhalb des großen, juwelenbesetzten Netzes des Miteinanderseins – nicht einmal ein Scheißstock.

Die Art, wie wir mit unseren Alltagsangelegenheiten

umgehen, unserer „Zen-Umwelt", sagt viel über unsere Praxis aus. Mein erster Lehrer war penibel auf Sauberkeit bedacht. Seine langen Jahre der Formung im Kloster kamen in allem, was er tat, zum Ausdruck, vom Glätten der Kissen und Staubsaugen des zendo-Bodens nach den Morgen- und Abendsitzungen bis zum sorgfältigen Achten darauf, ja nichts zu vergeuden, nicht einmal ein einziges Stück Toilettenpapier. Erst Jahre später begriff ich allmählich, daß es sich bei seinem Achten auf solche weltlichen Einzelheiten um „Zen in Aktion" handelte. Zunächst schien es zu banal zu sein und überhaupt nichts mit Spiritualität zu tun zu haben, so viel geistige Energie auf Alltagsverrichtungen wie das Staubwischen zu vergeuden. Bei meiner Suche nach einem tieferen Sinn hatte ich immer gemeint, es müsse irgend etwas Tiefgründiges hinter solchen Ermahnungen stecken wie derjenigen des alten Meisters Joshu, der einen neuen Schüler anwies, seine Schüssel nach seinem ersten Abendessen im Kloster zu spülen. Ich konnte mir nicht vorstellen, warum ein so großer Zen-Meister wie Dogen zum Beispiel ganze Traktate über Haus- und Gartenarbeiten hatte schreiben können. Ich war verblüfft, als ich hörte, er habe den Grad der Einsicht eines Schülers an der Art ablesen können, wie dieser das Wasser vom Reis abgoß. Wie die meisten Anfänger mußte ich meine Begriffe von „heilig" und „unheilig" ganz aufgeben, ehe ich zur Einsicht gelangen konnte, daß es nichts gibt, was nicht Zen wäre.

Alle Haustiere, die ich besessen habe, waren sorgfältig darauf bedacht, ihre Schlaf- und Eßplätze sauberzuhalten. Wenn sie ihre Schlafstellen oder den Bereich um ihre Freß- und Wassernäpfe verunreinigten, wußte ich, daß sie krank waren. Ich hatte gemeint, das gelte für alle Säugetiere, bis ich las, daß die Primaten die einzigen Tiere sind, die ihre eigenen Nester verschmutzen. Hält man sich die giftigen Abwässer vor Augen, die in unsere Meere und Flüsse laufen, sowie die Berge von Müll, die an unseren Straßen und in unseren Landschaften herumliegen, dann müssen wir tatsächlich krank sein. Wenn wir nicht genügend Würde besitzen, um unsere eigenen Hinterhöfe sauberzuhalten, dann sind wir natürlich völlig damit überfordert, uns auch noch um Gebirge und Regenwälder zu kümmern. Wenn wir jeden eigenen Bezug dazu verloren haben, daß das Atmen, Essen, Trinken und Ausscheiden Teil und Äußerung des Lebensprozesses der Erde selbst ist, wie können wir dann zu sorgfältiger Achtsamkeit darauf fähig sein, unser physisches Heim instand zu halten? Wenn wir weiterhin „unser eigenes Nest beschmutzen", bis kein Platz mehr übrigbleibt und wir keine Luft mehr bekommen, bleibt uns nur noch, uns darin zu fügen, genau wie alle anderen Arten ausgerottet zu werden. Doch es ist keine leichte Aufgabe, den Körper der Erde wieder in gesunden Zustand zu versetzen, vor allem, wenn man sich in einem Kriegsgebiet darum bemüht. Die Zen-Übung bietet die entscheidende Quelle der Erneuerung, aus der man schöpfen muß, um bei diesem Einsatz nicht die Waffen zu strecken. Hier folgt die Schilderung, wie das Zen eine Umweltaktivistin davor bewahrte, ausgebrannt zu werden.

KOAN AUS DEM WIRKLICHEN LEBEN
Eve geht campen

Eve war eine schwarze Frau, die in der Detroiter Innenstadt aufgewachsen war. Sie war entschlossen, nach ihrem Abschluß an der Juristenschule in ihre Gemeinde zurückzukehren. Fünf Jahre arbeitete sie für eine gemeinnützige Stiftung, die weitgehend bedürftige Klienten betreute, und wenn ihr Job auch aufreibend war, so bedauerte sie doch nie ihren Entschluß. Eines Tages erhielt sie den Anruf einer Frau von einer örtlichen Schule, die ihr mitteilte, man habe eine Deponie mit Behältern voller Giftmüll gefunden. Die Umweltbeauftragte, die daraufhin zur Überprüfung losgeschickt wurde, berichtete, die Behälter seien nicht nur illegal abgestellt, sondern hätten auch schon auszulaufen begonnen und verseuchten das Grundwasser, mit dem die Schule auf der anderen Straßenseite versorgt werde. Die Gemeindevertretung hatte eine Versammlung einberufen und beschlossen, die Schule zu schließen. Eve wurde gebeten, einer Bürgerinitiative vorzustehen, die man zur Lösung dieses Problems gründen wollte.

Dieser Anruf hatte zur Folge, daß Eve Umweltaktivistin wurde. Um den Skandal an die Öffentlichkeit zu tragen und gegen die Firma, die die Behälter dort deponiert hatte, zu klagen (die Behälter enthielten das Dioxin, das man bei der Herstellung von Agent Orange verwendet), verfaßten sie und ihre ehrenamtlichen Helferinnen und Helfer ein Flugblatt und legten es in den Supermärkten, Kirchen und Gaststätten des Stadtbezirks aus. Sie gingen von Tür zu Tür, warben weitere Mitglieder, und Eve erhielt von einem volkstümlichen lokalen Musiksender eine Sendezeit eingeräumt, um über den Skandal zu berichten. Wie es in vielen neu aktivierten, armen Gemeinden der Fall ist, entdeckten Eves Nachbarn, daß ihre Hinterhöfe schon lange als Müllkippe für lebensbedrohende Abfälle benutzt worden waren. Die Umwelt war nicht mehr nur das Hobby einiger Baumschützer.

Eves Ad-hoc-Gruppe wurde schließlich zu einer hundert Mitglieder starken Aufsichtsorganisation mit eigenem Büro und Personal, zu dem auch drei Juristen gehörten. Sie gab sich den Namen „City Clean-up Community" (CCC, „Gemeinschaft für eine saubere Stadt") und war vor Gericht in erster Instanz gegen die gegnerische Firma so erfolgreich, daß darüber sogar im nationalen Fernsehen berichtet wurde. Eve gab ein Interview und wurde dadurch für einige Zeit zur lokalen Berühmtheit. Was ihr indes nach dem Abzug des Fernsehteams noch weit mehr Auftrieb gab, war die nachhaltige Unterstützung seitens ihrer Nachbarn. Schon bald unterstützte die CCC andere arme Stadtbezirke, die als Müllhalden benutzt worden waren. Sie prozessierte mit Erfolg gegen die Absicht staatlicher Behörden, giftigen Sondermüll durch die Straßen der Stadt zu transportieren, und war im gesamten mittleren Westen aktiv an mehreren Siegen gegen chemische Firmen beteiligt, die die Umwelt vergifteten.

Mit zunehmendem Anwachsen der Organisation nahmen auch Ausmaß und Streß von Eves Job zu. Sie war so ausgelaugt, daß sie den Leuten ihre Befehle mit einer Stimme zubellte, die sie kaum mehr als ihre eigene erkannte. Wenn sie spät in der Nacht von der Arbeit heimkam, zitterten ihre Hände so stark, daß sie kaum den Schlüssel ins Schloß brachte. Die Lage verschlimmerte sich noch, als ein Wechsel in der Regierungsspitze zu einem Rückschlag in der Gesetzgebung gegen Umweltvergiftung führte. Jetzt ging Eve nicht einmal mehr heim. Sie kämpfte an so vielen Fronten gleichzeitig, daß sie jede verfügbare Minute für ein Nickerchen auf einer Couch in ihrem Büro nutzen mußte. Sie aß nicht mehr richtig, und eines Morgens stellte sie fest, daß ihr Lieblingskleid ihr zwei Nummern zu groß geworden war. Eve wußte, daß sie auf das Zusammenklappen zusteuerte und aus der Stadt heraus mußte. Sie sprach darüber mit einem der Juristen, und dieser erzählte ihr von einer Zen-Einkehrzeit in der Wildnis, was für sie genau das richtige zu sein schien. Als Jurastudentin hatte sie bereits einige Zeit mit einer Gruppe in Chicago gesessen und das als sehr erfrischend empfunden. Sie hatte öfter darauf zurückgegriffen, wenn sie innerlich etwas hatte zur Ruhe kommen wollen, aber noch nie hatte sie den Mut aufgebracht, an einer ganzen Einkehrzeit teilzunehmen. Sie mit ihrem Hang zur Klaustrophobie konnte sich nicht vorstellen, eine ganze Woche lang in einem Raum zu sitzen und täglich acht Stunden zu meditieren. Aber die Vorstellung, im Freien zazen zu üben, sagte ihr zu, vor allem auch deshalb, weil die Einkehrzeit auf der Hawaii-Insel Kauai stattfinden sollte.

Die veranstaltende Organisation, eine in Honolulu ansässige Zen-Gruppe, wurde von einem Zen-Lehrer geleitet, der gleichzeitig ein erfahrener Wanderer und Bergsteiger war, und sie hatte Wildnis-Einkehrzeiten bereits über zehn Jahre lang angeboten. Es handelte sich um ein ausschließlich amerikanisches Experiment. Zur Einkehr gehörten die Meditation und Unternehmungen in freier Natur wie Trekking und Camping, um den Teilnehmern dabei zu helfen, eine neue Beziehung zur Natur zu finden. Das Merkblatt enthielt eine Warnung vor den „Beschwerden" einer solchen unkonventionellen Einkehrzeit. Von den Teilnehmern wurde unter anderem erwartet, daß sie fünf Tage lang allein im Regenwald im Zentrum der Insel meditierten. Es gab nur wenige Annehmlichkeiten, und jeder Teilnehmende sollte ganz für sich selbst verantwortlich sein. Es handelte sich um eine Einkehrzeit, bei der man Schweigen wahrte, und sie zielte darauf, die einzelnen mit den „lebenspendenden Energien des Regenwaldes" in Kontakt zu bringen. Nachdem sie sich angemeldet hatte, erhielt Eve eine ausführliche Liste der erforderlichen Ausrüstungsgegenstände. Darunter waren ein Zelt und ein Schlafsack, ein

Rucksack und eine Trinkflasche sowie Fertignahrungsmittel, die man nicht zu kochen brauchte.

Die Einkehrzeit begann mit einer zweitägigen Einführung. Hank, der Leiter, nahm die Gruppe auf eine Runde durch das Gelände mit und zeigte allen, wo sie campen würden; außerdem gab er ihnen unterwegs Informationen über das Überleben in freier Natur. Da alle fünfundzwanzig Teilnehmenden schon vorher im zazen gesessen hatten, jedoch beim Meditieren in freier Natur Neulinge waren, brachte er ihnen bei, wie man beim Gehen, Essenzubereiten und Müllentsorgen meditiert. Als Stadtmensch hatte Eve Sorge, ob sie das alles schaffen würde, aber nach Abschluß der zweitägigen Vorbereitung hatte sie das Gefühl, jetzt dafür gewappnet zu sein.

Als sie dann schließlich im Regenwald war und sich ihren eigenen Meditationsplatz auswählen konnte, beschloß Eve, ihr Zelt in der Nähe einer Höhle in Hörweite eines tosenden Wasserfalls aufzuschlagen. Da Kauai als die regenreichste Gegend der ganzen Hemisphäre gilt, hielt sie es für das beste, neben ihrem wasserdichten Zelt und ihrem Schlafsack auch noch die Höhle als zusätzlichen Regenschutz zur Verfügung zu haben. Erstaunlicherweise regnete es aber dann nicht ein einziges Mal, sondern während der ganzen Zeit, die sie dort war, schien die Sonne.

Eve verbrachte den ersten Tag damit, sich an ihre neue Wohnstätte zu gewöhnen. Wie Hank sie angewiesen hatte, öffnete sie ihre Sinne für alle Geräusche, Geschmäcker, Berührungen, Gerüche und Ansichten, die ihr das sie umgebende Leben bot: für die exotischen Vogelstimmen (die sie jeden Morgen aufweckten), die Gerüche des Regenwaldes (die zwischen schweflig und süßlich schwankten) und für die Stechmücken (gegen die sie sich schnell mit Zitronelle einrieb). Das Wissen, daß die anderen Teilnehmer der

Einkehrzeit ganz in der Nähe auch meditierten, nahm ihr das Gefühl, sich einsam vorzukommen, und Hank hatte ihr eine Leuchtrakete und eine Trillerpfeife mitgegeben, für den Fall, daß sie dringend Hilfe brauchte. Er kam einmal täglich zu einer bestimmten Zeit vorbei, um ihre Nahrungs- und Wasservorräte nachzufüllen und zu sehen, wie es ihr beim Üben ging.

Jede Einkehrzeit hat ihren eigenen Rhythmus. Den ersten Tag bringt man gewöhnlich damit zu, sein „Straßen-Selbst" langsam abzustreifen, und damit die Sorgen und Beschäftigungen seines Alltagslebens, um von da an sorglos in der Welt leben zu können. Dann werden die kleinsten Dinge faszinierend, wie etwa wenn man wieder in die Zeit zurückkehrt, nachdem man es genossen hat, eine Stunde lang seinen großen Zeh anzustarren oder die Handflächen an die Ohren zu halten und dem Rauschen des Meeres zuzuhören. Wenn man keine Pflichten, keine Verantwortung, keine Notwendigkeit verspürt, sich vor irgend jemandem rechtfertigen zu müssen, ist das befreiend. Das ist der erste Tag.

Am zweiten Tag schaut man sich um, was man tun könnte. Man fängt an, Ängste zu bekommen. Der eigene Geist entwickelt wilde Phantasien darüber, in welche Gefahren man geraten und wie man plötzlich tödlich verunglücken könnte. Zum Beispiel könnte man von einer Schlange gebissen werden und daran sterben, weil man nicht schnell genug ärztlich versorgt werden kann. Plötzlich kommen einem auch Gedanken des Grolls gegen Eltern, Geschwister, Freunde und Liebhaber hoch. Der Vogelgesang des Regenwaldes flaut ab zu einer Litanei plappernder Verwünschungen. Man bekommt Verstopfung, verspürt prämenstruelle Symptome, nach zehn Minuten Meditieren schlafen einem schon die Füße ein. Wenn Hank vorbeischaut, hat man keine Lust zum Reden. Man hegt Groll gegen ihn, daß er einen hierhergebracht hat. An diesem Abend verzehrt man nicht einmal sein Abendessen aus Knäckebrot, Käse und Obst. Man kriecht in sein Zelt, wickelt sich in seinen Schlafsack und fällt in ein dunkles Loch.

Am dritten Tag ist man bei einer traditionellen Zen-Einkehrzeit in der Halle normalerweise zur Ruhe gekommen und voll auf die Meditation eingestimmt. Das gemeinsame Meditieren, Schlafen und Essen mit anderen Teilnehmern versetzt einen in Harmonie mit seiner Umgebung, selbst wenn man nicht miteinander spricht. Aber bei einer Einkehr in freier Natur, wo man ganz allein ist, ist das anders. Da fällt es schwerer, ganz für sich die Tiefen seines Geistes auszuloten; es ist erträglicher, gemeinsam mit anderen zu sitzen und zu wissen, daß auch sie ihre Schwierigkeiten haben. Zudem ist bei Einkehrzeiten im Haus der Tagesplan so angelegt, daß einem gar nicht viel Zeit für das geistige Herumschweifen bleibt, wenn man nicht auf seinem Kissen sitzt. Aber im Regenwald draußen, wo man sich seinen eigenen Zeitplan für das Sitzen, Schlafen, Essen, Saubermachen und Üben zurechtlegt, kommt man eher in die Verlegenheit, was man mit seiner Zeit tun soll.

Der Zweck der Einkehr in freier Natur ist der, daß man aufhört, nach Zerstreuungen Ausschau zu halten, und statt dessen von Augenblick zu Augenblick ganz bei seiner Umgebung weilt. Die Natur wird zum einzigen Gefährten, zur Quelle und zum Motor der Achtsamkeit. Bei Eve war das so am vierten Tag.

An diesem Morgen wachte sie auf, als es gerade hell wurde. Nach ihrer Uhr hatte sie noch eine halbe Stunde zum Schlafen. Aber das tat sie nicht. Statt dessen setzte sie sich auf, nahm einen Schluck Wasser aus ihrer Flasche und holte ihre Meditationskissen aus dem Zelt. Sie legte sie sich in einer Lichtung zurecht, deren Boden sie mit getrockneten Palmwedeln bedeckt hatte, und ließ sich zur Meditation nieder. Bald umgab sie der erwachende Chor der Vögel. Eine kleine Spinne inspizierte ihr Kissen und bereitete sich auf den langen, schweren Aufstieg auf dieses hinauf vor. Eve öffnete die Augen und schaute in die grüne Tiefe des Regenwaldes hinein. Fasziniert von einem überhängenden Dach aus Elefantenblättern, suchte ihr Geist nach Worten, um dieses Gefühl zum Ausdruck bringen zu können. Aber es gab keine Worte dafür. Es gab auch keinen Geist. Es gab nur dickes, flüssiges Grünsein, die überquellende Farbe der Erde, die sie in die lebendige Gegenwart des Augenblicks hineinbannte.

Die Freude dieses Morgens blieb in Eve während der ganzen weiteren Einkehrzeit. Sie begleitete sie durch alle geschäftigen Tage der Rückkehr und strahlte auch noch auf ihrem Gesicht, als sie sich während des Rückflugs nach Detroit selbst kurz im Spiegel der Flugzeugtoilette sah. In ihren Augen strahlte ein neues Licht. Als sie Hank von ihrem Erlebnis an diesem vierten Tag berichtet hatte, hatte er ihr ein Koan gegeben, über das sie meditieren sollte: „Sogar die vergangenen und künftigen Buddhas dienen einer dem andern. Aber sag mir, wer ist dieser eine?" Eve tastete nach einer Antwort, dachte dann aber nicht mehr an das Koan. Als sie in der Toilette des Flugzeugs stand und sich selbst im Spiegel anschaute, fiel es ihr wieder ein, und zu ihrer Überraschung sah sie dort überhaupt niemanden! Aber das konnte bis später warten. Die geplagte Erde hatte sie wieder in Form gebracht. Jetzt konnte sie heimkehren und ihr im Gegenzug etwas Gutes tun.

Die Früchte des *zazen* sind kumulativer Natur. Wenn wir damit anfangen, wünschen wir uns, daß wir erleuchtet werden und daß unser Leben besser wird. Aber je länger wir sitzen, desto weniger wollen wir. Es macht einfach Freude, zu sitzen. Nichts geschieht, und doch geschieht dort auf unserem Sitzkissen alles. Das widerständige Selbst nimmt nicht mehr den beherrschenden Platz ein, und wir lassen es zu, daß wir mit den zehntausend Dingen verschmelzen. Dann wissen wir, daß wir mit dem Leib der Erde eins sind, und wir empfinden jede ihrer Wunden und Narben als unsere eigene. Wir machen uns dann spontan daran, sie zu heilen. Denn sie ist nichts von uns Verschiedenes; sie ist wir.

TEIL V

Veränderung
Dinge, die sich ändern, und Dinge, die sich nicht ändern

Das Leben als Veränderung

Nein, das ist kein Druckfehler: In der Überschrift steht tatsächlich „Das Leben *als* Veränderung" und nicht „Das Leben *mit* Veränderungen". Normalerweise meinen wir von uns selbst, wir beobachteten als Außenstehende die sich ständig verändernde Landschaft des Lebens, aber nicht, wir seien selbst mitten in diesen Prozeß einbezogen, und daher ist das eine wichtige Unterscheidung. Es ist ein Unterschied, ob man sich mit den Ebbe- und Flutzeiten seines Lebens alle Mühe gibt oder ob man diese Ebbe und Flut *wird*. Wir leiden dann am meisten, wenn wir gegen sich verändernde Umstände aufbegehren. Eignen wir sie uns dagegen an und lassen unseren Leib und unseren Geist in sie hineinfallen, so können uns selbst die am schwersten zu verkraftenden Veränderungen von unserem Leiden befreien.

Ich kenne mehrere Wissenschaftler, die aktiv Zen üben. Das Zen sagt ihnen zu, weil es wie die Wissenschaft alle Gedanken überprüft. Es genügt ihnen nicht, Hypothesen über die Natur der Veränderung aufzustellen, sondern sie müssen sie selbst erfahren. So ist es für meine Wissenschaftler-Freunde gar nicht verwunderlich, wenn im zazen offenbar wird, daß Raum, Zeit und der scheinbar abgetrennte Vorgang, den ich als mich wahrnehme, in Wirklichkeit eins sind mit dem dynamischen, sich ständig verändernden, offenen System, das wir als Universum bezeichnen. Ich lache voll Vergnügen zusammen mit ihnen über die Offenkundigkeit ihrer Entdeckung, daß wir Menschenwesen „Zeitereignisse" sind, die sich als Veränderung ereignen.

Es gibt ein Koan namens „Dinge, die sich ändern, und Dinge, die sich nicht ändern", und es hat zwei Teile:

> *(1) Alle Dinge sind dem Gesetz der Veränderung unterworfen. Sie sind ein Traum, eine Blase oder ein Schatten. Wie kommt es, daß Dinge, die sich ständig ändern, sich nie verändern?*
>
> *(2) Wie kommt es, daß Dinge, die sich nie verändern (wie die Selbst-Natur, die Leere, das Nirwana, die Erleuchtung), sich ständig verändern?*

Ich denke, dieses *Koan* paßt zu dem vorliegenden Abschnitt, denn es schleudert uns ganz aus unserer gewohnten Sichtweise dessen, was Veränderung ist, heraus. Die meisten von uns denken nicht an Veränderung, bis irgend etwas Einschneidendes passiert: bis man von der Leiter fällt, seinen 50 000 DM teuren neuen Wagen zu Schrott fährt oder binnen Sekunden beschließt, ein ganz neues Leben anzufangen. Noch öfter sucht uns die Veränderung schleichend heim. Eines Morgens wacht man auf, schaut in den Spiegel und entdeckt in seinem wunderschön braunen Bart eine graue Strähne. Was soll man dann tun? In die nächste Drogerie laufen und Haarfarbe kaufen? Oder wartet man ab, bis der ganze Bart grau geworden ist, in der Überzeugung, das wirke besonders apart? Oder rasiert man ihn einfach weg?

So sehen die kleinen, persönlichen Veränderungen aus, mit denen man sich tagtäglich herumschlagen muß. Und dann erst die großen Veränderungen in Umwelt, Technologie und Gesellschaft, von denen wir meinen, sie kaum beeinflussen oder unter Kontrolle halten zu können! Wie gehen wir mit den Klimaveränderungen um, die sich seit einiger Zeit auf unserem Planeten vollziehen, mit den Folgen der globalen Erwärmung? Müssen wir uns auf eine Zukunft einstellen, wie sie in Waterworld beschrieben wird?

Unlängst hörte ich den Vortrag eines Wissenschaftshistorikers. Er sagte, trotz aller positiven Errungenschaften, zu denen der wissenschaftliche Fortschritt geführt habe, mache er sich darüber Sorgen, was zwei Jahrhunderte hemmungsloser Technologie mit unserem Sozialleben und unserer Umwelt angerichtet hätten. Er sprach auch von dem zunehmenden Interesse in Wissenschaftskreisen, den Mars „zur Erde umzugestalten", ihn also für eine größere Anzahl irdischer Lebensformen bewohnbar zu machen, natürlich in erster Linie mit Menschen. Offensichtlich stecke das hinter vielen unserer derzeitigen Weltraummissionen: Es geht um die Suche nach Alternativen zu unserer überbevölkerten, ausgeplünderten Erde, nach Möglichkeiten, anderswo im Weltraum zu leben. Aus diesem Grund hätten sich die amerikanischen Astronauten für immer längere Zeitabschnitte mit ihren russischen Kollegen in ihrer Raumstation zusammengetan.

Ein Zuhörer stellte die Idee des Historikers in Frage, wir müßten einfach „anderswohin gehen". Mehrere andere meldeten ebenfalls ihre lebhaften Zweifel gegen seinen wissenschaftlichen Optimismus an. Jemand warf ihm sogar eine arrogante Einstellung vor; er führe lediglich unsere grenzenlose Neigung fort, alles zu zerstören und dann auf die Wissenschaft zu schauen, die den Schaden schon wieder beheben werde. Daran schloß sich eine Diskussion an, in der viele Teilnehmer und auch der Historiker selbst die Vorstellung in Frage zu stellen begannen, wir müßten zunächst einmal „etwas tun". Schließlich kamen wir alle zum Schluß, daß es wahrscheinlich besser wäre, wir setzten uns zunächst einmal hin und richteten unsere Aufmerksamkeit auf das, was hier und jetzt vor sich geht, statt uns schleunigst den Mars als unsere nächste Heimstatt einzurichten. Eine Frau schlug vor, zuallererst sollten wir einmal in uns selbst hineinschauen. Dafür bekam sie lebhaften Beifall.

Wir brauchen nicht auf den Mars oder an sonst irgendeinen anderen Ort zu fliehen, denn in Wirklichkeit sind wir schon genau dort. Oder, wie es der transpersonale Psychologe Ram Dass ausgedrückt hat: „Wenn mich jemand fragt, woran ich gerade bin, sage ich: ‚Ich bin immer noch hier dran. Sogar wenn ich gerade komme oder gehe, bin ich immer hier dran.'" Darum geht es beim Leben als Veränderung: um die Fähigkeit, ganz im jeweiligen Augenblick präsent, „an ihm dran" zu sein. Dazu bedarf es konzentrierter Achtsamkeit. Niemand ist dazu permanent fähig, aber die Meditation ermöglicht das immer öfter.

KAPITEL ELF

Kabelanschluß haben

Obwohl ich dieses Buch auf einem Computer schreibe, behaupte ich nicht, mich mit Maschinen wohl zu fühlen, und das habe ich noch nie getan. Trotzdem bin ich auf den Gebrauch von Maschinen angewiesen, wenn ich mehr als einigen wenigen Menschen von den einfachen Freuden der Lebensart des Zen erzählen will. Selbst ein Bleistift ist ein mechanisches Gerät; in gewissem Ausmaß funktioniert sogar die Stimme des Menschen auf mechanische Weise. Ich vermute, was immer man in die Welt hinausgibt, wird in dem Augenblick unpersönlich, wo es einem nicht mehr selbst gehört.

Nehmen wir nun an, ich habe mich mit meinem Computer abgefunden. Muß das heißen, daß ich ihn mögen muß? Bedeutet sich auf die Veränderung einzulassen, daß man alles, was einem widerfährt, völlig klaglos über sich ergehen läßt, aus Angst, zum Spielverderber erklärt zu werden, zum ewiggestrigen Zen-Typ, der einer glorreichen Vergangenheit nachhängt, die es in Wirklichkeit nie gegeben hat? Ganz bestimmt nicht. Das Zen bedeutet nicht, daß man passiv alle Veränderungen hinnimmt, die man in unserer Gesellschaft zuwege bringen will. Das Zen ist nie eine weltfremde spirituelle Praxis gewesen. Hätte ich den Wunsch, mich in eine Höhle im Himalaya zurückzuziehen, um den heutigen technologischen und sozialen Veränderungen zu entgehen, dann wäre ich darin wohl eher die Gesinnungsgenossin irgendeines bewaffneten Guerillakriegers als eines heiligen Mannes in wallendem Gewand. So gebe ich meinem Fernseher keineswegs einen Fußtritt oder werfe meinen Computer gegen die Wand; sie sind der Inhalt des gegenwärtigen Augenblicks.

Ich selbst bin in technisch-praktischer Hinsicht eher minderbemittelt und habe immer die technisch begabten Leute bewundert. Ich habe auch unter meinen Freunden viele hervorragende „Praktiker". Beim Frühstück habe ich mich mit einem von ihnen über ein neues Programm unterhalten, das er als Lernprogramm für Englisch als Fremdsprache entwickelt hat. Immer begierig, irgend etwas Neues darüber zu erfahren, was mir noch alles blüht, fragte ich ihn nach den „chat rooms" („Plauderräumen") im Web und war von seiner Antwort überrascht. „Ich verbringe den Großteil meiner Tage am Computer, aber ich brauchte nicht lange, um mich mit den chat rooms zu langweilen. Die meisten Leute, die man dort antrifft, haben irgendeine Macke; es ist ein Haufen von Wirrköpfen!" Mein Freund steht mit dieser Ansicht nicht allein da. Tagtäglich werden mehr Artikel von frustrierten Technokult-Anhängern geschrieben, die sich über ihr elektronisches Spielzeug beschweren. Jedesmal, wenn es auf dem Markt etwas Neues gibt, ist das ein Gefühl wie in der Woche vor Weihnachten. Wenn dann die Euphorie nachläßt und das neue Programm nicht das bringt, was es versprochen hat, fühlt man sich wie zwei Wochen nach Weihnachten. Der Weihnachtsmann müßte eine Menge Spielsachen reparieren, und den Kindern ist es wieder genauso langweilig wie vorher.

Die Suche nach dem trügerischen Glücksgefühl von außen her ist so alt wie die Menschheit selbst. Doch die Technologie ist nur das jüngste auf einer langen Liste von Allheilmitteln, die einem unbeständigen Selbst die Illusion der Beständigkeit schenken sollen. Immer wieder ist das die Geschichte vom Handel des Doktor Faust mit Mephisto, nur daß dieser jetzt hochkomplizierte Geräte daherschleppt. Aber selbst wenn man rundum verkabelt ist, stillt das nicht den unersättlichen Appetit des Ich nach Zerstreuungen und nach Ablenkungen von der Tatsache, daß es substanzlos ist. Wie lange wird es dauern, bis die hypnotischen Wirkungen nachlassen und wir feststellen, daß wir eben doch nicht übermenschlich sind? Wie weit müssen wir uns aus dem gegenwärtigen Augenblick in seinen simulierten Abklatsch hinausprojizieren, bis Enttäuschung und Depression einsetzen?

Die Probleme haben schon angefangen. Eltern und Lehrer verlieren den Kontakt mit einer ganzen Generation von Cyberkids, die mit Bildern und Soundbites aufwachsen. Wie bringen wir sie wieder so weit, daß sie das Leben als solches erfahren wollen, nicht modifiziert durch Spezialbrille und Joystick oder vermittelt über einen Bildschirm? Ist es möglich, unsere Kinder gegen die tägliche Dosis an fernsehübermittelter Gewalttätigkeit abzuschirmen, indem man dieser mit einem V-chip einen Riegel vorschiebt, das heißt, indem man seinem bereits mit Hardware vollgestellten Wohnzimmer ein weiteres Gerät hinzufügt? Die meisten Eltern, die ich kenne, können noch nicht einmal richtig mit einer ganz normalen Fernbedienung umgehen; sie brauchen ihre Kinder dazu, um mit ihr klarzukommen. Möchten sie das bißchen Freizeit, das sie haben, auch noch damit verbringen, die Bedienungsanleitung eines weiteren Apparats zu studieren? Ist es schon zu spät, um unsere Kinder noch für die kurze Zeit von der virtuellen Realität wegzuholen, die man braucht, um den gegenwärtigen Augenblick zu erfahren?

Als im alten China ein Mönch seinen Meister fragte, wie er der Hitze und der Kälte entkommen könne, also den schmerzlichen Extremen, unter denen wir leiden, wies ihn der Meister an, den Ort aufzusuchen, wo es weder Hitze noch Kälte gebe. Verblüfft wollte der Mönch wissen, wo ein solcher Ort denn zu finden sei. „Wenn es kalt ist, laß dich von der Kälte beißen. Wenn es heißt ist, laß dich von der Hitze brennen", gab der Meister zur Antwort.

Das Zen erlaubt es Ihnen nicht, vor dem gegenwärtigen Augenblick zu kneifen. Ihr Zehnjähriger schaut gebannt auf sein Videospiel und redet nicht mehr mit Ihnen. Das ist Ihre Situation, hier und jetzt. Nichts, was sie tun, wird zu etwas führen. Was tun Sie also?

KOAN AUS DEM WIRKLICHEN LEBEN
Isobel geht zum Rodeo

In der Hoffnung, eine weniger hektische Umgebung zu finden, in der sie John jr., ihren zehnjährigen Sohn, aufziehen könnten, zogen Isobel und John von der Küste in eine kleine Landgemeinde im Osten des Staates Washington. Zwar betrieben sie gemeinsam eine vielbesuchte Zahnarztpraxis in der Stadt, die sie viel Einsatz kostete, aber Isobel und John waren von Johnnys neuer Schule sehr angetan und genossen die Zeit, die sie in ihrem großen, frisch renovierten Farmhaus verbringen konnten. Isobel stammte vom Land und hoffte, sich eines Tages ein Pferd zulegen zu können und vielleicht auch noch eine Ziege und einige Hühner, um ihren Sohn in die Freuden des Farmlebens einzuführen. Johnny hatte alle Merkmale eines Eigenbrötlers, der seit einiger Zeit so gut wie nicht mehr mit ihr sprach, sondern ihre Fragen gerade noch mit einem zögerlichen „Ja" oder „Nein" beantwortete. Isobel hoffte, das Leben auf dem Land könne ihn seinen ewigen Videospielen entwöhnen.

Isobel und ihr Mann hatten in den letzten zwei Jahren die Zen-Meditation praktiziert und waren deshalb sehr angetan, als sie erfuhren, in der Praxis eines Psychologen im nahe gelegenen Städtchen treffe sich jeden Sonntagvormittag eine kleine Gruppe zum Meditieren. Vor allem Isobel litt sehr unter der Entfremdung ihres Sohnes, und so freute sie sich auf das sonntägliche zazen. Sie erhoffte sich davon etwas Erholung von ihrer tagtäglichen Anstrengung, eine Kommunikation mit ihrem Jungen zustande zu bringen. John, der diese Situation etwas leichter nahm, meinte, wenn man auf diesem „Problem" herumreite, verschlimmere man es nur. Er war dafür, den Jungen einfach sich selbst zu überlassen, zumal Johnny sich darin kaum von den anderen Jungen in seiner Klasse unterschied. Er meinte: „Selbst hier draußen auf dem Land hängt doch jedes Kind dauernd an diesen Spielen." Im Einkaufszentrum gab es sogar eine Spielhölle, und wenn Johnny nicht daheim vor seinem Nintendo saß, konnte man ihn dort finden, wo er sich mit seinen Freunden mit – meist gewalttätigen – Spielen die Zeit vertrieb. Was John mehr Sorgen machte, war, daß der Junge keinerlei Interesse am Sport zeigte und lieber in der finsteren Spielhölle am Bildschirm Basketball und Fußball „spielte" als an der frischen Luft.

Isobel ließ sich nicht von ihrem Kurs abbringen. Sie war ihr Leben lang ein aktiver Mensch gewesen, hatte in ihrer Umgebung immer vieles hinterfragt, angestoßen und bewegt und sich immer wieder irgendwelche Anliegen zu eigen gemacht. Sie hatte sich in ihrem Leben schon vielen Herausforderungen gestellt. Daheim war sie das älteste von vier Kindern auf einer intakten Farm gewesen. Ihr Vater ging bankrott, als sie gerade das College abschloß, und sie finanzierte sich selbst ihre zahnärztliche Ausbildung. Sie war zäh und voller Spannkraft, half gern anderen Menschen, hielt sich Haustiere, zog ihre eigenen Lebensmittel und verarbeitete sie selbst, war ungemein praktisch veranlagt. Ihr lag die physische Seite des Lebens, und man konnte auf sie zählen, wenn man bei Überschwemmungen Sandsäcke stapeln, einen Traktor reparieren oder sogar einen Stier mit dem Lasso einfangen mußte. In Isobels eigenen Augen hatte sie die Herausforderungen ihres Lebens gut in den Griff bekommen. So war sie auch entschlossen, den Kampf gegen das Gerät anzutreten, das ihren Sohn in Beschlag genommen hatte, und diesen Kampf zu gewinnen.

Wie Melanie, die ebenfalls eine „zähe" Zen-Sitzerin gewesen war, unterstellte auch Isobel, ihr Ziel lasse sich am besten mit hohem Energieaufwand erreichen. Sie ist von Natur aus so aggressiv und nach außen gerichtet, wie ihr Mann gütig und zurückhaltend ist. Bei ihren Patienten ist John mit seiner ruhigen Art und Hand beim Bohren beliebt, während sie sich dank Isobels flinker und humorvoller Art im Zahnarztstuhl wohler fühlen. John schien das Verhalten ihres Sohnes allerdings auf die leichtere Schulter zu nehmen. Er ging zwar mit ihm nicht aufs Spielfeld, um mit ihm eine Runde zu kicken, aber immerhin redete Johnny mit seinem Vater in ganzen Sätzen statt bloß in Einsilbern.

Isobel mußte noch lernen, daß es ein großer Unterschied ist, ob man gegen eine Situation ankämpft oder mit ihr eins wird, und daß man erst damit aufhören muß, wie verrückt nach einer Handlungsmöglichkeit zur Lösung eines Problems zu suchen, damit der Raum entstehen kann, in dem sich eine solche Lösung findet. Solange man nicht zuläßt, daß man nirgendwohin mehr laufen kann, läuft einem das Problem überallhin nach. Solange man nicht bereit ist, mit dem Problem eins zu werden und es statt dessen zu manipulieren versucht, wird man von ihm immer wieder überwältigt.

In einem der letzten Winter hatten Schneestürme den nordöstlichen Teil der USA lahmgelegt. Selbst die Post stellte ihren Betrieb ein. Die Menschen, die gewohnt waren, alles in den Griff zu kriegen, fühlten sich vom Schnee gedemütigt. So wurden die Gläubigen des High-Tech-Zeitalters unsanft auf den Boden geholt. Flugzeuge standen im Schneetreiben, und lange Bärte aus Eiszapfen hingen an ihren Nasen, ganze Fernstraßen waren gesperrt, nichts ging mehr. Von Bekannten hörte ich, wie freundlich in der Zeit die Menschen miteinander umgegangen seien. Man konnte im Fernsehen Nachrichtensprecher sehen, die mit Schneebällen warfen, und Erwachsene wie Kinder fuhren Schlitten auf Straßen, die sonst von Autos überfüllt waren. Für mich waren die Schneestürme von 1996 wieder einmal der Beweis dafür, daß uns das Leben selbst immer wieder einmal die Gelegenheit bietet, uns mehr auf das Sein als auf das Tun zu konzentrieren. Ereignisse wie das beschriebene zwingen uns, wenn auch nur für kurze Zeit und ob wir das mögen oder nicht, zum Augenblick zu werden, uns selbst von der Kälte einfrieren zu lassen und dadurch den Ort zu finden, wo es keine Kälte mehr gibt. Sie ermöglichen es uns, mit Dingen eins zu werden, die sich ständig wandeln, um den Frieden zu finden, der unwandelbar ist.

Sich herausfordern zu lassen hat seinen eigenen Reiz, aber selbst das Siegen ist nicht so lohnend wie das Loslassen des Ich, das sich selbst gut vorkommt im Gefühl, herausgefordert zu werden. Solange das Ich die Welt in lauter Stücke und Partikel aufteilt, kann es nur funktionieren, indem es seine eigenen Kräfte mit allem mißt, was nicht Ich ist. Das ist auch richtig in dem Fall, wo man einem angreifenden Stier aus dem Weg springen muß, aber es funktioniert nicht, wenn ein in Panik geratenes Ich verzweifelt nach allen nur erdenklichen Möglichkeiten heischt, um sich selbst am Leben zu erhalten, statt im Rhythmus des sich ständig wandelnden Augenblicks mitzutanzen. Da es das Ich gewohnt ist, sich seine Konsistenz und Eigenständigkeit zu bewahren, verlegt es seine gesamte Energie darauf, sich emotional in einer Festung einzuigeln, um sich gegen alle nur erdenklichen Bedrohungen seiner Existenz verteidigen zu können. Und so geht der Kampf um das Überleben eines Schein-Ich, das angeblich von ewiger Dauer sein soll, endlos weiter.

Auch wenn sich Isobel noch so sehr in der trügerischen Vorstellung wiegt, sie selbst könne eine Veränderung herbeiführen, bleibt sie das Opfer eines vergänglichen Ich, das sich selbst zu rasch verändert, um das Gesamtbild sehen zu können. Man könnte ihre verletzten Gefühle als die Steine und den Mörtel bezeichnen, womit sie ihre emotionale Festung instand hält. Isobel hat sich dahinter verschanzt, und ihr Bild von sich selbst als guter Mutter entspricht der sich wandelnden Welt draußen. Die ständigen harmlosen, liebenswürdigen Zufälligkeiten des Lebens, wie etwa einen freundlichen Gruß im Vorbeigehen oder das Kompliment eines Patienten, nimmt sie gern entgegen. Aber gegen Johnnys Sich-Verändern vom lieb spielenden Kind zum bockigen Eigenbrötler sperrt sie sich, weil ihr das als widerwärtige Bedrohung erscheint. Neutrale Ereignisse, wie etwa vorbeigehende Fremde, ignoriert sie. Diese Interaktionen weben Tag für Tag an der vergänglichen Geschichte, die Isobels Ich für seine ununterbrochene Lebensgeschichte hält.

Isobel bemühte sich mit der ihr eigenen Zähigkeit um die Aufmerksamkeit ihres Sohnes. Wenn sie wollte, daß er mit Videospielen aufhörte und seine Hausaufgaben machte, ging sie hin und schaltete eigenhändig seinen Computer aus. Dann gab sich ein mürrischer Johnny nicht einmal mehr die Mühe, mit ihr zu streiten, und die Szene endete im Frust für sie. Aus Enttäuschung den Tränen nahe, wandte Isobel ihm dann den Rücken zu und verzog sich wieder in die Küche.

Da Isobel täglich meditierte, half ihr das, den eisernen Griff ihres Ego, in dem sie sich selbst hielt, nach und nach zu lockern, ohne daß sie das zunächst selbst merkte. Wenn sie abends mit John und sonntags mit der Zen-Gruppe in der Stadt saß, und zwar einfach saß, um zu sitzen, ohne irgendeinen Zweck damit zu verfolgen, so brachte sie das nicht nur zur Ruhe, sondern stärkte auch ihre Freude an den kleinsten Dingen: Ein Niesen oder ein Klicken der Heizung konnte in ihrem Herzen ein Gefühl tiefer Dankbarkeit auslösen. Dankbarkeit wofür? Isobel wußte es nicht. Sie sprach darüber mit dem Leiter der Gruppe, einem Zen-Lehrer, der alle paar Monate einmal von der Küste in diese Stadt kam, um eine Wochenend-Einkehrzeit zu halten. Dieser gab ihr den Rat, ihr zazen einfach weiterhin zu genießen, ohne sich an die guten Seiten ihres Lebens zu klammern und ohne vor dessen schlechten Seiten davonzulaufen.

Isobel tastete sich allmählich näher an das Loslassen und das Einswerden mit ihren sich ständig wandelnden Lebensumständen heran und entschloß sich schließlich zu einer neuen Taktik für ihren Kampf gegen die Technologie: „Um den Feind bekämpfen zu können, muß man ihn kennenlernen.“ Statt Johnny weiterhin als Ignorantin zuzusetzen, befaßte sie sich mit seinen „Power Rangers“, „Ninja Turtles“ und „Mortal Kombatants“, ehe sie sich ein abschließendes Urteil darüber bildete. So entdeckte Isobel die Möglichkeit, sich neben Johnny zu setzen und sich überhaupt erst einmal anzusehen, worum es bei diesen Spielen ging. Sie konnte sogar zugeben, daß sie in der Praxis zu beschäftigt und zu sehr auf ihren eigenen Weg konzentriert gewesen war, um einfach einmal innehalten und sich darauf einlassen zu können, wie es sich anfühlte, als Zehnjähriger in einer verkabelten Welt zu leben. Isobel hatte sich bestimmte Verhaltensmuster ihrer eigenen strengen Eltern verinnerlicht, und zu ihrer Überraschung stellte sie fest, daß sie diese Muster mechanisch beibehalten hatte. Sie hatte zwar weiterhin den Eindruck, bei diesen Spielen gehe es immer um das gleiche und sie seien zu gewalttätig. Doch stellte sie ihre Vorstellungen über richtige Freizeitbeschäftigungen zurück und ließ sich ganz darauf ein, bei Johnny in seiner Welt zu sein, und so entwickelte sie größere Achtsamkeit für ihn und verurteilte nicht mehr alles an ihm so rasch. So hatten sie und ihr Sohn jetzt immerhin ein gemeinsames Gesprächsthema.

Zur Zeit der Roundups im Herbst war Isobels wackliger Burgfrieden mit Johnny so weit gediehen, daß er sich damit einverstanden erklärte, sie zum Rodeo zu begleiten. Diese Veranstaltung hatte sie schon mit Spannung erwartet, seit sie wieder aufs Land gezogen waren. Als Mädchen hatte sie dabei an den Wettbewerben für Jugendliche teilgenommen und einige Preise gewonnen. Jetzt war Isobel schon seit fünfzehn Jahren bei keinem Rodeo mehr gewesen, und als sie schließlich mit ihrem Mann und Sohn die Tore zum Veranstaltungsgelände durchschritt, fieberte sie vor freudiger Erwartung.

Isobel nahm ihren Platz auf der dichtbesetzten Haupttribüne ein und entspannte sich in den altvertrauten Gerüchen von Scheune und Viehstall, inmitten der roten, weißen und blauen Fähnchen, dem Rauch der Grillfeuer, der strahlenden Sonne und dem braunen Staub. Johnny hielt in der einen Hand eine riesige Wiener Wurst und in der anderen eine große Flasche Cola, aber er achtete nicht auf das Essen; seine Augen hingen gebannt an den berittenen Cowboys und ihren Trainern in den Boxen rund um die Arena. Endlich war es einmal so, daß Isobel still und John am Reden war. Er boxte seinen Sohn in die Seite und sagte: „Na, wie gefällt das einem Stadtjungen?" „Das ist cool", sagte Johnny und war so fasziniert, daß er ganz vergaß, in seine Wurst zu beißen. Isobel und John tauschten einen erleichterten Blick aus.

Mit jedem neuen Akt der Vorführungen kehrte Isobel weiter in die glorreichen Tage ihrer Jugend zurück. Sie sprang von ihrem Sitz auf, jauchzte, schrie und tauschte mit anderen alten Rodeo-Experten im Publikum ihre Kommentare aus. Am meisten faszinierte sie das Einfangen der Stiere mit dem Lasso. Die Cowboys bei diesem speziellen Wettkampf waren weltberühmt, waren die Besten der Besten. Sie waren sogar aus Argentinien und Australien angereist.

Isobel saß wie angewurzelt auf ihrer Bank und beobachtete mit ihrem Fernglas den dritten Wettkämpfer, einen schwarzen Cowboy aus Texas mit rotem Halstuch, als sie, ohne ihren Platz zu verlassen, sich plötzlich auf den Rücken des Bullen versetzt empfand. In diesem Augenblick gab es keine Isobel, keinen Cowboy und nicht einmal den Bullen, sondern nur noch das Bocken. Und dann war das Bocken plötzlich wieder weg, und sie fand sich wieder inmitten einer schreienden Menschenmenge, und scharfer Grillrauch brannte ihr in den Nasenlöchern. Dann war auch wieder das rote Halstuch da. Alles war wieder wie vorher, und doch nicht mehr wie zuvor. Isobel war nicht nur mit dem bockenden Bullen eins geworden, sondern hatte ihn auch im Zeitraum eines Augenblicks gezähmt. Sie war nicht mehr Zuschauerin, sondern selbst Teil des „wilden Tiers", das nicht still stehen wollte, und schließlich brachte sie es fertig, dagegen bockig aufzubegehren.

Johnny war auf dem Heimweg ganz von dem Rodeo erfüllt. Er hatte seinen Vater überredet, ihm einen breitkrempigen Hut und ein illustriertes Programm zu kaufen. Nachdem er es ausgiebig studiert hatte, äußerte er eine Beobachtung, die Isobel bisher entgangen war. „Mom, weißt du, du redest immer über das ‚Gewalttätige‘ in meinen Spielen. Aber du mußt doch zugeben, ein solches Rodeo ist auch ziemlich gewalttätig. Denk bloß an das Cowgirl, das vom Pferd gefallen ist. Es wurde zertrampelt und mußte auf einer Bahre weggetragen werden. Und dann der Mann, der von einem Horn aufgespießt wurde. Da ist doch auf dem ganzen Boden richtiges Blut herumgelaufen!"

„So habe ich das noch gar nie gesehen", erwiderte Isobel und gab mit einem Lächeln zu, daß Johnny recht hatte.

In dem Maß, wie uns aufgeht, daß die mühsamsten Momente unseres Lebens besonders gute Gelegenheiten zur Selbstverwirklichung bieten, ja vielleicht bessere als die angenehmen Augenblicke, fangen wir an, konkreter zu leben. Dies gestattet es uns, wirklich zu erfahren, was es hier und jetzt gibt. Johnny hatte Isobel auf einen wichtigen Punkt aufmerksam gemacht: Wenn wir das pflegen, was wir besonders gern mögen, sehen wir daran das, was wir sehen möchten, und nicht, was wir tatsächlich vor Augen haben. Ohne ständiges Üben werden wir immer unflexibler, je älter wir werden. Das ist so ähnlich wie mit unserem körperlichen Auge: In der Lebensmitte verhärtet sich seine Linse, und wir müssen unsere bislang übliche Sehweise aufgeben, um besser sehen zu können.

Isobels leidenschaftliche Abneigung gegen die Technologie, die ihr ihren Sohn entfremdet hatte, läßt sich auch als ein Beispiel unter vielen ansehen, wie eine Mutter sich dagegen sperrt, ihr Kind loszulassen. Doch spirituell gesprochen, geht es dabei um mehr als das. Der springende Punkt

ist, daß man seine Aufmerksamkeit vom Inhalt der Veränderung auf die Erfahrung, daß sich etwas verändert, verla-
gert. Wenn wir wie Isobel die Früchte unserer spirituellen
Erfahrung an unsere Kinder weitergeben wollen, müssen
wir den bockenden Bullen der Veränderung reiten, ihr Vo-
kabular erlernen und mit ihnen in ihrer Sprache sprechen,
so fremd diese uns auch anmuten mag. Wir müssen lebendige Beispiele dafür sein, was es heißt, den Augenblick zu
besitzen und ganz in ihm da zu sein, damit uns eine von der
Technologie geprägte Generation verstehen kann und die
gleiche Haltung erwerben will.

KAPITEL ZWÖLF

Das Älterwerden

In unserer Gesellschaft, wo mit System alles schnell zum Veralten gebracht wird, fällt es schwer, ein Wort für das Älterwerden einzulegen. Aber welche andere Wahl haben wir? Solange noch niemand ein Rezept gefunden hat, wie man sich rundum nachhaltig körperlich verjüngen kann, müssen wir weiterhin mit dem Faktum leben, daß wir Falten und graue Haare bekommen, schlapper werden und öfter ans Sterben denken. Aber wir können es uns selbst leichter machen, wenn wir innehalten und uns genauer ansehen, wer es ist, der Angst vor dem Älterwerden hat und es dauernd vor sich herschiebt, sich dem gegenwärtigen Augenblick zu stellen, um so die Konfrontation mit Verlust und Trauer, Krankheit und Tod, zerronnenen Hoffnungen und gescheiterten Träumen zu vermeiden – von den Freuden der Erfahrung, ganz einfach am Leben zu sein, ganz zu schweigen.

Im Jargon der modernen Technik gesprochen, läßt sich alles als ständig sich wandelndes Informationssystem betrachten. Das Gehirn des Menschen ist ein ständig sich veränderndes Informationssystem, genau wie das eine Stadt ist, ein Gedicht und die Wirtschaft. Das Wahrhaben der Tatsache, daß alles in ständiger Veränderung begriffen ist, gehört zur Zen-Erfahrung. So weit, so gut. Doch der Unterschied zwischen dem mechanistischen Gedankenmodell, alle Informationssysteme veränderten sich ständig, und der Sitzmeditation ist der Unterschied zwischen einem abstrakten Begriff und einer direkten Erfahrung. Oder es ist der Unterschied zwischen dem Sich-Vorstellen einer frischen, saftigen Orange und dem tatsächlichen Verzehren einer solchen.

Menschen basteln ewig an sich selbst herum, sind Informationssysteme, die sich ständig verändern und nicht damit zufrieden sind, einfach ins Dasein zu kommen und wieder abzutreten. Das ist der Grund dafür, daß das Menschsein so mühsam und zugleich so interessant ist. Es gibt ein Koan über einen Mönch, der fünfhundert Jahre lang als Fuchs leben mußte, bevor er wieder Mensch werden durfte, weil er verkündet hatte, erleuchtete Menschen stünden über dem Gesetz von Ursache und Wirkung, oder mit anderen Worten, sie seien über das Gesetz der Veränderung erhaben. Nun ist es zwar nicht unbedingt etwas Schlechtes, ein Fuchs zu sein, aber es geht darum, daß der Mönch sein volles menschliches Potential erst dann erreichen konnte, als er begriff, daß nichts und niemand dem ständigen Wandel entgeht.

Sooft man so tut, als könne man nach eigenem Belieben das Universum erschaffen und neu gestalten, ist man, mit den Worten eines Zen-Meisters, „am Rand des Absturzes in die Täuschung über sich selbst". Das ist auch der Zustand, in dem man am gefährlichsten für sich selbst und unsere Welt ist. Einer der Erträge des reifen Meditierens besteht darin, daß man innerlich frei wird von einem verängstigten Ich, das sich zäh an die Vorstellung eines ewigen Lebens klammert. Jack Kornfeld, ein geschätzter Psychologe und Meditationslehrer, der die Meditation zum Zweck der Selbsterkenntnis einsetzt, hat bemerkt, daß sich Patienten, die meditieren, bei der Therapie „zunehmend unterschiedlicher Motivationsmuster bewußt werden", die den bei der Meditation gewonnenen Einsichten entsprechen.

Sich „zunehmend bewußt zu werden" bedeutet, jeden Augenblick des Lebens frisch und neu zu sehen. In diesem Sinn kann man sagen, daß das Zen uns vor dem Altwerden und unser Leben vor dem Schalwerden bewahrt. Anders als manche Faltencremes verspricht das Zen allerdings nicht, den Alterungsprozeß umzukehren. Was es uns nehmen kann, ist die Angst vor dem Altwerden. Dafür sei jetzt das folgende Beispiel erzählt.

KOAN AUS DEM WIRKLICHEN LEBEN
Elliott rasiert sich den Bart ab

Elliott war gebürtig aus Milwaukee, besuchte aber das College in Houston und blieb nach seinem Abschluß dort. Er war erst zwanzig, als er anfing, im Stil des Zen zu meditieren. Ihn begeisterten die Kriegskünste, und deshalb hatte er sich, solange er zurückdenken konnte, schon immer für alles Japanische interessiert. Als er schließlich sein kleines Ein-Mann-Kühlunternehmen zu einer erfolgreichen Firma mit über hundert Angestellten ausgebaut hatte, war er schon mehrmals in Japan gewesen und sprach inzwischen fließend japanisch. Außerdem hatte er sich im Karate den schwarzen Gürtel erworben und beherrschte die altüberlieferte Kunst der Teezeremonie. Als gutsituierter Geschäftsmann von Houston, seiner Wahlheimatstadt, unterstützte Elliott auch eine Vielzahl kultureller Einrichtungen, vor allem jedoch solche, die die Künste und Handwerke Japans vermittelten.

Charlie, Elliotts erster Karatelehrer, brachte ihm die Grundlagen des zazen bei. Jede Unterrichtseinheit wurde mit einer halbstündigen Meditation begonnen und abgeschlossen. Zudem saß Elliott jahrelang täglich daheim für sich selbst. Aber es war merkwürdigerweise auf einer Geschäftsreise nach San Antonio und nicht nach Japan, daß er seinen Zen-Lehrer fand, und obendrein war es eine amerikanische Frau. Elliott gab als Angehöriger der „baby boomer"-Generation unumwunden zu, daß ihn „diese ganze Geschichte mit der Frauenemanzipation" völlig unvorbereitet getroffen hatte. Er konnte einem guten Kumpel bei einem Bier durchaus eingestehen, daß er ein bißchen chauvinistisch war. Der Umstand, daß seine Zen-Lehrerin schon über sechzig war, machte ihm das etwas leichter. Elliott war zweiundfünfzig, konnte sich aber dank jahrelanger Übung, gesunder Ernährung und vorteilhafter Gene leicht um zehn Jahre jünger ausgeben und bevorzugte die Gesellschaft jüngerer Frauen, vor allem jüngerer und „fügsamerer" japanischer Frauen.

Er hatte mehrere ernsthaftere Beziehungen mit Frauen; mit einer wäre es sogar fast zur Heirat gekommen. Aber das waren alles amerikanische Frauen ungefähr in seinem Alter gewesen, und Elliott wurde zunehmend unwillig und verständnislos gegenüber dem, was er als ihr „gnadenloses Anspruchsdenken" empfand. Bei seinen Reisen nach Japan lernte er eine andere Art von Frauen kennen, die seinem Ideal mehr entsprachen. Am meisten gefielen ihm die kimonogekleideten Serviererinnen und Verkäuferinnen in Kyotos Restaurants und Geschäften mit ihrem „femininen" Aussehen und Sprechen und ihrem unterwürfigen Wunsch, ihm zu gefallen. Doch obwohl er keine Mühe hatte, mit ihnen auf japanisch zu schäkern, brachte Elliott nie den Mut auf, sich mit einer von ihnen zu verabreden. Es war, als schwebten diese Traumfrauen zu hoch über ihm, außer Reichweite eines groben gaijin, wie er einer war.

Die Zen-Gruppe von San Antonio hatte ihre Wurzeln in Japan; sie war zwar nicht klösterlich orientiert, aber traditionell genug, daß Elliott sich ihr gern anschloß. Im Lauf der Zeit wurde er ihr umsichtiger Förderer und ein aktives Mitglied. Elliotts Hintergrund und Erfahrung begünstigten es, daß er in seinem Üben rasch Fortschritte machte. Als ältestes Mitglied der Gruppe wurde er von jüngeren Anfängern gern um seine wertvollen Hinweise für das Zen und um praktische Ratschläge für das Berufsleben gebeten.

Zusätzlich zu all diesen japanischen Elementen war Elliott stolz auf seinen Bart. Alle Männer in Charlies Kurs hatten sich in Nachahmung ihres eindrucksvollen und charismatischen Karatelehrers Bärte wachsen lassen. Das war in den sechziger Jahren, als Bärte und langes Haar allgemein Mode waren. Aber innerhalb von Charlies dojo hatten Bärte eine geradezu mystische Bedeutung angenommen. Für Elliott war der Umstand, sich passend zu seiner braunen Mähne einen üppigen, wunderschönen braunen Bart wachsen lassen zu können, Ausdruck seines Elans und Männlichkeit. Indes alle anderen Karatelehrer sich den Kopf rasierten, um damit ihre Zen-Spiritualität zum Ausdruck zu bringen, hatte Elliotts Lehrer seinen Ruf als Nonkonformist bestätigt, indem er seinen Bart wild wuchern und sein Haar lang genug hatte wachsen lassen, um es zu einem Haarknoten im Stil der Samurais binden zu können, doch trug er es im Stil der damaligen amerikanischen Kultur als langen Pferdeschwanz. Elliott hatte es ihm nachgemacht. Aber das war in den sechziger Jahren gewesen. Inzwischen hatte sich Elliots Haar auf dem Schädel zu lichten begonnen, und er hatte es sich zu einer Länge schneiden lassen, wie sie sich für einen seriösen Geschäftsmann ziemte. Sein Bart dagegen prangte mit Ausnahme einer gelegentlichen grauen Strähne, die sich leicht auszupfen ließ, immer noch in sattem Dunkelbraun.

Charlie war in den Ruhestand gegangen und nach Kalifornien gezogen, und die ursprünglichen Mitglieder des Karate-dojo hatten sich zerstreut. Er hatte Elliott sein dojo zum Verkauf angeboten und ihm zugeredet, selbst als Lehrer weiterzumachen, aber Elliotts eigenes Geschäft nahm zu viel seiner Zeit in Anspruch, und er hatte es abgelehnt. Im übrigen neigte er mit seinem Interesse immer stärker zu seiner Zen-Übung. An drei Abenden pro Woche fuhr er nach San Antonio, und schließlich ließ er das Karate ganz sein. Er war schon mehrere Jahre nicht mehr im dojo gewesen, als er eines Tages aus heiterem Himmel einen Karate-Rundbrief erhielt, der ihn über einige interessante Veränderungen informierte: Ein neuer Lehrer hatte sich eingefunden, man plante eine Renovierung und sprach sogar von der Möglichkeit, den Laden nebenan aufzukaufen und sich zu erweitern. Neugierig geworden, packte Elliott seine Trainingskleidung in die Sporttasche und fuhr zum dojo.

Im Rundbrief war erwähnt worden, der neue Karatelehrer heiße Mickey, und Elliott hatte ganz natürlich damit gerechnet, bei Mickey handle es sich um einen Mann. Aber er hatte sich geirrt. Kaum hatte er den dojo betreten, seine Schuhe ausgezogen und einen Blick auf einen Mann und eine Frau mit schwarzen Gürteln geworfen, die auf der Matte miteinander übten, sagte man ihm, Mickey, der neue Meister des dojo, sei die Frau im Ring. Elliotts erster Impuls war, umzudrehen, seine Schuhe wieder anzuziehen und lautlos zu verschwinden. Aber seine Karatemanieren waren zu eingefleischt, als daß er das fertiggebracht hätte. Im altvertrauten Reflex legte er seine Handflächen aufeinander, verneigte sich in Richtung des Altars am Ende der Matte und ging in den Umkleideraum.

Als Elliott wieder erschien, waren die Sparringspartner fertig und standen plaudernd in der Nische vor dem Umkleideraum. Mickey stand nur einige Schritte von ihm entfernt und sah ihn direkt an. Elliott verschlug es den Atem. Sie war eine faszinierende japanisch-amerikanische Frau Mitte Zwanzig und strahlte ihn mit einem Lächeln an, das sein Herz zum Stocken brachte.

Elliotts Interesse am Karate war auf der Stelle neu erweckt. Er stellte seine Gewohnheiten um und verbrachte jetzt wöchentlich drei Abende mit Üben im Karate-dojo und nur noch einen Abend mit zazen in San Antonio. Dabei sagte er sich selbst, daß er das Interesse am Zen keineswegs verloren habe. Im Gegenteil, er saß weiterhin daheim morgens und abends und legte Wert darauf, bei jeder Einkehrzeit mitzumachen. Elliott hatte genug Einsicht, um zuzugeben, daß ihm am Karate nicht mehr soviel lag wie in seinen zwanziger Jahren, daß es ihn körperlich mehr anstrengte als damals und daß er eigentlich lieber mit der Gruppe in San Antonio das zazen gepflegt hätte. Aber es war klar, daß die Ursache für seine neue Begeisterung am Karate Mickey war. In ihr hatte er seine Traumfrau gefunden und war derart von ihr hingerissen, daß er nicht mehr anders konnte, als sie zu umwerben.

Mickey entstammte einer langen Ahnenreihe von Kampfsportkünstlern. Ihr Großvater war in Japan Kendomeister gewesen, ihr Vater hatte sich auf Judo und Karate spezialisiert. Mickeys Vater hatte in Japan eine amerikanische Studentin geheiratet und war dann mit seiner Frau in die Staaten gegangen, um dort einen dojo zu eröffnen und so die Familientradition fortzusetzen. In Elliotts Sicht verkörperte Mickey das Beste beider Welten. Sie verband den Zartsinn und den kriegerischen Geist ihrer Vorfahren miteinander und war doch nicht „fremd" und unzugänglich. Elliott war entschlossen, sie zu heiraten. Doch es gab ein Problem: Mickey war mit dem jungen Mann verlobt, mit dem er sie am Tag, als er erstmals wieder den dojo besucht hatte, im Ring gesehen hatte.

Es gibt ein Koan, in dem ein altchinesischer Meister die Frage stellt: „Warum wird der Erleuchtete vom roten Faden des Begehrens umhergezogen?" Warum verfängt sich jemand offenen Auges in diesem roten Faden und gerät ins Stolpern? Warum werden selbst die spirituellsten Menschen immer wieder von ihren Emotionen herumgezerrt? Erinnern wir uns noch einmal an Ikkyu, einen großen Zen-Meister, der in hohem Alter mit seinen Gedichten das schmerzliche Thema des Konflikts zwischen Verfall und Begehren behandelte. Da es im Zen keinen Endpunkt gibt und jeder Augenblick neu ist, kann man auch die Erfahrung der Erleuchtung nicht festhalten. Folglich kommt man auch nie damit an ein Ende, sich den Veränderungen in seinem Leben immer neu zu stellen. Elliotts zazen half ihm zweifellos, mit dem Bündel seiner eigenen Neigungen und Eigenarten zurechtzukommen, solange er seine Übung achtsam den Tag über beibehielt. Hartnäckige karmische Knoten indes, also jene Geschmäcker und Vorlieben, die uns bis zum Ende unseres Lebens bleiben, lassen sich nicht beheben. In Wirklichkeit sind sie der Stoff unseres täglichen Übens, die Koans aus dem wahren Leben, die wir am meisten schätzen lernen. Denn auch wenn wir sie nicht besonders mögen, sind doch sie es, die die Keime der Einsicht nähren und uns zum Weiterwachsen helfen. In Elliotts Fall hieß das, sich der Realität des Älterwerdens zu stellen und sich über die Unmöglichkeit klarzuwerden, daß sein Herzenswunsch in Erfüllung gehen könne.

Genau wie bei den Jüngeren in der Zen-Gruppe von San Antonio gewann Elliott auch rasch den Respekt und die Bewunderung der jungen Mitglieder des Karate-dojo. Auch Mickey schaute zu ihm auf und suchte in geschäftlichen und praktischen Fragen seinen Rat. Aber trotz Elliotts Bemühungen, ihre Beziehung persönlicher werden zu lassen – er lud sie gelegentlich zum Essen ein, machte ihr geschmackvolle Geschenke, stiftete Geld für den dojo –, erhielt er von Mickey keinerlei Zeichen, daß sie ihre Freundschaft über die Karateübungen hinaus ausweiten wollte. Um wenigstens ständig in ihrer Nähe zu sein, richtete Elliott sich schließlich so ein, daß er seine gesamte Freizeit mit Arbeiten im dojo verbrachte. Er hörte mit dem Sitzen auf, wurde depressiv und nahm vier Kilo ab. Dadurch begann er älter auszusehen. Als er eines Tages im Umkleideraum sein Hemd auszog, entdeckte er, daß die Gewichtsabnahme bloß dazu führte, daß seine Haut schlaff wurde, statt daß sie seinen Altherren-Bauchansatz schwinden ließ. Und was noch schlimmer war, sein ständiges Selbstmitleid, Mickey nicht gewinnen zu können, hatte ihn ganz übersehen lassen, daß mitten in seinem Bart eine beachtliche graue Strähne aufgetaucht war. Hie und da kam Elliott der Entschluß, heimzugehen und zu tun, was er sich durch einen Schwur selbst verboten hatte: sich seinen Bart abzurasieren.

Ein altes Zen-Gleichnis von einer Prinzessin, die eines Morgens in der festen Überzeugung aufwacht, keinen Kopf mehr zu haben, beschreibt recht gut Elliotts Geistesverfassung zu diesem Zeitpunkt. Die Prinzessin vergeudet eine Unmenge Zeit mit dem Versuch, ihren Kopf wiederzufinden. Sie sendet ihre Minister und Soldaten bis in ferne Länder, um dort nach ihm zu suchen, und tut auch selbst nichts anderes mehr, als überall nachzusehen, wohin er geraten sein könnte. Nachdem sie schließlich damit das ganze Königreich verspielt und sich selbst und ihren armen alten Vater, den König, ins Elend gebracht hat, trifft sie auf einen einfachen Diener, der ihr vorschlägt, doch einmal in den Spiegel zu schauen. Das tut sie und jauchzt auf: „Wie herrlich! Endlich ist mein Kopf wieder da!" Erst jetzt, nachdem sie mit ihrer Weisheit ganz am Ende ist, kann die Prinzessin die Worte des weisen Dieners verstehen: Er war schon die ganze Zeit da gewesen.

Entsprechend wird auch Elliott erst dann soweit sein, sehen zu können, daß der Suchende und der Akt des Suchens ein und dasselbe sind und für einen Neuanfang nichts jemals verloren ist, wenn er auf der Suche nach seiner Jugend, von der er fürchtet, sie verloren zu haben, so weit gerannt ist, bis er an den Punkt der Verzweiflung kommt. Indem er mit dem Altern eins wird, schließt er die Lücke zwischen den Dingen, die sich verändern, und den Dingen, die das nicht tun. Die schwierigsten Augenblicke im Leben, nämlich diejenigen, die uns in die Veränderungen stürzen, die wir nicht wollen, bieten die besten Gelegenheiten zur spirituellen Einsicht, vorausgesetzt natürlich, wir sind soweit, daß wir sie uns aneignen können.

Elliotts Einsicht kam ihm nicht, während er seinen Bart abschnitt, sondern danach. Passenderweise war es Mickeys Reaktion darauf, was sie zündete. Elliotts Hände zitterten, während er seinen Bart abrasierte, aber als es erst einmal geschafft war und er im Spiegel sein nacktes Gesicht anschaute, war er gar nicht so entsetzt davon, wie er befürchtet hatte. Im Gegenteil, was er sah, gefiel ihm durchaus. Der Bart hatte ein Paar charmanter Grübchen zu beiden Seiten seines Mundes überdeckt und beim Lächeln seine zwei Reihen schöner, gesunder Zähne verhängt. Elliott verbrachte eine gute halbe Stunde damit, auf sein neues Abbild im Spiegel zu schauen und sein jungenhaftes Lächeln wieder einzuüben.

Als er am nächsten Tag in den dojo kam, war Elliott voll darauf konzentriert, wie sein bartloses Gesicht auf Mickey wirken würde. Für ihn existierte nichts anderes. Er fühlte sich wie der Schauspieler in einem Noh-Stück, der hinter der Maske verschwindet, die ihm zum Gesicht geworden ist. Er hatte jede seiner Gesten auf die neue Rolle abgestimmt, die er zu spielen gedachte. Aber Mickey war gar nicht da. Eine neue junge Frau, die er noch nie gesehen hatte, saß hinter dem Schalter am Eingang des dojo. Sie sagte ihm, Mickey sei fortgegangen, um neuen Weihrauch zu kaufen, und wann sie wiederkomme, wisse sie nicht. Elliott zog seine Trainingskleidung an, betrat die Matte und fing mit Kickübungen an. Er tat es nur, um Zeit totzuschlagen. Wenn nötig, wollte er den ganzen Tag auf Mickey warten.

Schließlich vergaß sich Elliott so bei seinen Kickübungen, daß er gar nicht bemerkte, wie die Eingangstür aufgegangen und Mickey hereingekommen war. Es war noch früh am Tag, und er war allein auf der Matte. Die junge Frau am Schalter hatte ihm eine Zeitlang zugesehen und sich dann wieder ihrer Zeitschrift über Kriegskünste zugewandt. Mit Ausnahme des Brummens eines Neonlichts, das kurz vor dem Erlöschen war, war es im dojo ganz still. Dann ertönte plötzlich mitten ins Schweigen hinein ein lauter Aufschrei. „Ach Elliott, was hast du denn mit dir gemacht? Du siehst ja entsetzlich aus!" Erschrocken von ihrem eigenen Ausbruch, legte Mickey rasch die Hand auf den Mund und stand erstarrt am Eingang.

Elliott wandte sich in die Richtung, aus der der Schrei gekommen war, der das Schweigen gebrochen hatte. Er war sich der Worte, die er gehört hatte, nicht ganz sicher. Sie ergaben für ihn keinen Sinn. Er konnte sich nicht vorstellen, wer sie geäußert hatte. Sie hatten ihn bis auf den Grund durchbohrt und das Bild in Stücke geschmettert, das ihm am liebsten gewesen war.

Elliotts Einsicht kommt dem am nächsten, was damit gemeint ist, sich dem Leben zu stellen. Er zieht wie jeder von uns los, um zu versuchen, sein Gesicht zu retten, das heißt, Demütigung, Alter, Alleingelassenwerden und das Leiden zu vermeiden, das sich daraus ergibt, daß man sich gegen den Wandel sperrt. Sein Mannsein, seine Identität überhaupt, sitzt in seinem Bart. Sogar seine Entscheidung, ihn abzurasieren und seine letzte Abwehr aufzugeben, entspringt dem Wunsch, sich sein Bild von sich selbst zu erhalten, und nicht, es zu verlieren. Aber hier kommen Jahre des zazen ins Spiel, und es bricht endlich die Fähigkeit durch, zum Augenblick selbst zu werden, statt sich gegen ihn zu sperren. Von dem Zeitpunkt an, wo Elliott sich seinen Bart abschneidet, kommt er ganz nahe an den Punkt, endlich sich selbst zu erkennen. Dann braucht er von Mickey nur noch einen kleinen Schubs.

KAPITEL DREIZEHN

Einfach leben

Eine Kultur, die die Qualität über die Quantität stellt, findet im Nützlichen Schönheit, nämlich das, was der Zen-Meister Shin'ichi Hisamatsu „die natürliche Anmut der alltäglichen Dinge" nennt. Je mehr man zur Vereinfachung bereit ist, desto mehr steigert sich die Qualität dessen, was man besitzt. Das bezeugt zum Beispiel die Großartigkeit der roh behauenen japanischen Teeschüsseln, die Zen-Handwerker für den alltäglichen Gebrauch herstellten, bevor aus ihnen im zwanzigsten Jahrhundert unbezahlbare „Sammlerstücke" wurden. Wenn wir unsere Bedürfnisse zurückschrauben, könnte das dazu beitragen, daß die Tiere und Pflanzen, die wir derzeit von der Erde verdrängen, wieder mehr Platz hätten und vor dem völligen Verschwinden bewahrt blieben.

Eine in lauter wechselseitige Abhängigkeiten vernetzte Gesellschaft legt Wert auf Beschränkung, statt grenzenloses Wachstum zu betreiben. Sie sollte sich durch kleine, kooperative soziale Einheiten, mehr persönliche politische und wirtschaftliche Entscheidungsfindung und durch die bewußte Pflege eines Lebens in freiwilliger Einfachheit auszeichnen. Diese spirituelle Sicht des Lebens der menschlichen Gesellschaft hat angefangen, sich auszubreiten. Im pazifischen Nordwesten der USA gibt es das sogenannte „Voluntary Simplicity Movement" (die „Bewegung für freiwillige Einfachheit"), das schon so verbreitet ist, daß ihm in den New York Times ein dreiseitiger Artikel gewidmet wurde. Seine Mitglieder sind Menschen, die sich entschlossen haben, „weniger zu kaufen und weniger zu verdienen, auf Einkommen und steile Karriere zu verzichten, um mehr freie Zeit und ein weniger stressiges Leben zu haben". Von Cecile Andrews, der Leiterin einer der „Simple Living"-Gruppen, die überall im Land entstehen, wird der Ausspruch zitiert: „Einer Menge Leute geht auf, daß sie eigentlich noch nie gern viel eingekauft oder verbraucht haben . . . Sie waren wie hypnotisiert und ließen sich wie von einem bösen Dämon reiten. Wir sind wie Kinder in einem Süßwarenladen: Wir essen alles, was wir nur können, bis uns nicht nur nichts mehr schmeckt, sondern wir auch noch krank werden und dann anfangen, nach etwas Nahrhafterem zu suchen."

Ist es möglich, daß das kollektive amerikanische Ich so aufgedunsen und krank ist, daß es die Bereitschaft zeigt, seine Verhaltensweisen zu ändern? Daß es mit Konsumieren aufhört und zu kooperieren anfängt? Mich erinnert das an die hungrigen Geister in der Hölle, an die Menschen, die ihr irdisches Leben damit verbracht haben, sich egoistisch selbst vollzustopfen, während daneben andere voller Hunger waren. Das sind Geschöpfe mit ballongroßen Köpfen, riesigen Mündern und kleinen Händen und Füßen, die sich an einer Festtafel voller köstlicher Speisen gegenübersitzen. Es gibt nur ein Problem: Sie haben alle so überdimensional lange Eßbestecke, daß keiner sich selbst etwas zum Mund führen kann. Der Unterschied zwischen diesen gierigen Geschöpfen und Menschen mit einiger Erfahrung in gegenseitiger Abhängigkeit besteht nicht in ihren äußeren Bedingungen, sondern in ihrem Verhalten: Die kooperativen unter den hungrigen Geistern bewältigen ihre unmögliche Lage, indem sie das lange Besteck dazu verwenden, sich gegenseitig über den Tisch hinweg das Essen in den Mund zu stecken!

Mir gefällt das Wort nourishing ("nahrhafter"), das Cecile Andrews gebraucht, um damit eine sinnvollere Lebensweise zu bezeichnen. Das Ernähren war zu allen Zeiten vorrangig ein Anliegen der Frauen, und so verwundert es nicht, daß der heutige Anstoß, die schwindenden Ressourcen von Mutter Natur besser miteinander zu teilen, indem man seine persönlichen Bedürfnisse zurückschraubt, von Frauen ausgegangen ist. Jetzt will ich von einer Frau aus Oregon erzählen, wie sie den ersten Schritt in diese Richtung gemacht hat.

KOAN AUS DEM WIRKLICHEN LEBEN
Virginia fährt ihren Jeep zu Schrott

Virginia hatte immer etwas Bezauberndes an sich. Selbst als sie als Produktionsassistentin bei einem schrägen Radio-Talkshow-Menschen in New York anfing – sie mußte ihm Besorgungen machen und Kaffee bringen – und in einer kleinen Mietswohnung über einer Bäckerei in der Second Avenue hauste, war allen ihren Bekannten klar, daß Virginia für höhere und bessere Dinge geschaffen war. Dabei war sie überhaupt nicht aufdringlich. Sie mußte das gar nicht sein. Alles fiel ihr einfach zu. Obwohl sie aus dem Arbeitermilieu stammte, verfügte Virginia über die natürliche Anmut, die guten Manieren und den treffsicheren Geschmack, die man gewöhnlich mit den Menschen aus besseren Kreisen verbindet. Ihr erster Mann, ein Amateurastrologe, redete im Spaß immer davon, sie müsse in ihrem vorigen Leben eine Dame am französischen Hof des achtzehnten Jahrhunderts gewesen sein. Virginia hatte die porzellanene Haut, dunklen Locken und großen blauen Augen, wie man sie auf einem Porträt von Ingres findet. Sie verfügte über einen köstlichen Sinn für Humor und die Gabe, über sich selbst und ihre Schwäche für schöne Dinge lachen zu können.

Als sie schließlich vierzig und geschieden war, erlebte Virginia den Erfolg, den ihr jedermann vorhergesagt hatte. Sie zog an die Westküste, war einige Zeit als Produzentin in Hollywood tätig und arbeitete sich auf die oberen Stufen im Fernsehen hinauf, wobei sie unterwegs eine Menge Geld verdiente. Mit fünfundvierzig heiratete sie wieder und kam über ihren Mann zum Zen. Oberflächlich betrachtet mochte Virginias Weg zum Erfolg zwar recht glatt verlaufen sein, aber sie hatte dabei etliche Durststrecken und steinige Abschnitte bestehen müssen. Nach drei Jahren des Versuchs, schwanger zu werden, hatte sie feststellen müssen, daß sie unfruchtbar war, und darauf folgte das langsame und schmerzliche Zerwürfnis mit ihrem ersten Mann. Dabei waren ihr nicht der Neid und Verlust mehrerer Menschen erspart geblieben, die sie zu ihren engsten Freunden gerechnet hatte. Auf ihrer Suche nach innerem Frieden hatte sie zwar kreuz und quer Asien bereist, aber Virginia war nie fähig gewesen, sich auf einen bestimmten spirituellen Weg einzulassen. Das blieb so, bis sie und ihr zweiter Mann, Theo, nach Portland in Oregon zogen, wo Virginia die Leitung der lokalen Zweigstelle einer nationalen Fernsehgesellschaft angeboten worden war. Theo hatte schon fünf Jahre lang Zen praktiziert, und obwohl Virginia schon viel Zeit darauf verwandt hatte, sich in einer Vielzahl von spirituellen Praktiken zu versuchen, gelang es ihr erst, sich definitiv auf einen bestimmten Weg einzulassen, nachdem sie mit Theo zusammenlebte.

Virginia bezeichnete sich selbst als „Schmetterling" und rechtfertigte ihr „Herumflattern" von einer Übung zur andern mit der Begründung, sie wolle auf keine Sorte des

„süßen spirituellen Nektars", den es auf der Welt gebe, verzichten. Bei diesem Herumgeflatter wurde Virginia, ohne es zu merken, zum spirituellen Junkie und war nach dem Sammeln von Mediationspraktiken genauso süchtig wie nach dem Erwerben von schönen Dingen.

An das Leben auf großem Fuß gewöhnt und gegen den Protest ihres Mannes kaufte Virginia ein großartiges Haus in den Hügeln oberhalb von Portland. Theo entstammte einer reichen Familie aus Sacramento, was ihn seiner Aussage nach schon früh vom Interesse am Erwerb von Dingen kuriert habe. Er unterstützte Virginias berufliche Aktivitäten, und es machte ihm nichts aus, daß sie doppelt soviel wie er als Chefherausgeber einer Zeitschrift für gesunde Ernährung verdiente. Aber da er wußte, daß sie ständig „irgend etwas brauchte", konnte sich Theo nicht enthalten, sie deshalb immer wieder zu necken. Doch als ihm aufging, daß ihre widerstreitenden Einstellungen zum Geld zu einem Problem werden könnten, tat er das immer seltener und hoffte das Beste.

Virginias finanzieller Status hatte unterwegs manches Opfer gekostet. Ihr erster Mann hatte ihre Karriere nicht verwunden und war zum Alkoholiker geworden, und sie hatte ihn aus sechs gescheiterten Risikogeschäften und drei Bankrotten herauspauken müssen. Auch die Erfahrung des Umzugs in den Westen, weg von ihrer eng miteinander verwobenen italienischen Familie, war nicht spurlos an ihr vorübergegangen. Aber Virginia konnte gelegentliche Skrupel beiseite schieben, indem sie sich sagte, schließlich erleichtere sie ja mit ihrer harten Arbeit die finanzielle Last, die auf ihrer Familie lag. Zu den monatlichen Schecks, die sie heimschickte, kam noch, daß Virginia sehr gern zu Weihnachten heimkam und großzügige Geschenke für ihre alternde Mutter, ihre ledige Tante, ihren Bruder und ihre zwei Schwestern und deren Gatten sowie für eine ganze Schar lärmender Nichten und Neffen mitbrachte. Das Wissen, daß sie selbst nie Kinder haben würde, machte sie traurig, aber jahrelange therapeutische Betreuung half ihr, damit leben zu können.

Was Virginia zum Zen am meisten hinzog, war seine „Ästhetik". Sie schätzte die blanken Böden aus Naturholz und die Balken des zendo, seine strenge, monochromatische Schönheit, und den Duft des Sandelholz-Weihrauchs, der noch lange nach Beendigung der Sitzung im Raum hängenblieb. Ganz besondere Freude hatte sie an ihrer Aufgabe, bei den Einkehrzeiten die Blumen auszusuchen und damit den Altar mit der einfachen Holzstatue des Buddha zu schmücken. Jahrelanges Yogaüben, vegetarische Ernährung und regelmäßige Gymnastik mit einem persönlichen Trainer hatten ihr zu einem geschmeidigen Körper verholfen, und sie konnte leicht für längere Zeit die Haltung des vollen Lotussitzes einnehmen. Als sie sah, wie wunderbar sich das zazen mit ihren täglichen Gesundheits- und Fitneßübungen vertrug, fügte Virginia es ihrer Sammlung schöner Dinge hinzu.

Ich finde es interessant, daß gerade Menschen mit dem größten Hunger nach materiellem Besitz sich besonders zum Zen hingezogen fühlen, und zwar wegen seiner „Einfachheit". Die japanischen Aristokraten zum Beispiel haben jahrhundertelang Unsummen darauf verwandt, sich gegenseitig mit dem raffiniert gestalteten Zurschaustellen von wabi auszustechen, der Zen-Ästhetik der Armut. Ganz in dieser Tradition gefällt sich der heutige reiche japanische Geschäftsmann darin, mit der letzten krummen und schiefen millionenteuren Teeschale zu protzen, die er seiner Sammlung hinzufügen konnte. Und viele Abendländer sind diesem Beispiel gefolgt. Die meisten Liebhaber der

Zen-Kunst halten sich zwar nicht unbedingt selbst für Zen-Übende, aber manche tun das schon. In diese Kategorie fiel Virginia. Wie viele Amerikaner, die sich danach sehnen, ihr Gefesseltsein an materielle Dinge loszuwerden, verlegte sie ihren Appetit lediglich auf spirituelle Dinge. Das mag als unzulänglicher Grund erscheinen, sich auf eine spirituelle Praxis einzulassen, aber die Sehnsucht, vom Leiden befreit zu werden, bedarf keiner Vernunftargumente.

Virginias bester spiritueller Augenblick kam ziemlich schnell. Das war, als sie nach weniger als zwei Jahren intensiveren Übens von zazen von einer Wochenend-Zen-Einkehr auf dem Land heimfuhr. Wie kommt das? Warum braucht der eine fünfundzwanzig Jahre und eine andere nur zwei? „Das ist ein Geheimnis", pflegte einer meiner Lehrer zu sagen und ließ es dabei bewenden. Das Zen beschäftigt sich nicht damit, warum die Dinge so geschehen, wie sie geschehen, sondern nur damit, sie sich so zu eigen zu machen, wie sie sind. Manche Einsichten kommen leicht und schnell, für andere braucht man sein ganzes Leben. Wenn man das eigene Schicksal analysiert und „die Schätze seiner Nachbarn nachzählt", hilft einem das gar nicht, dem Verstehen dieses Mysteriums irgendwie näherzukommen. Wichtig ist, daß man nicht seine eigenen spirituellen Gaben verkennt, nach ganz Hohem trachtet und darüber vergißt, seine eigenen Einsichten in das tägliche Leben auszuwerten.

Es ist ziemlich normal für ein spirituelles Erwachen, daß es nach und nicht während einer Einkehrzeit eintritt. Tagelanges intensives Meditieren und ständiges Konzentrieren auf jeden kostbaren Atemzug und alles Tun, wie etwa das Anordnen von Blumen auf dem Altar, bereiten einen auf das Ereignis vor, aber meistens wird es dann von den unvorhersehbaren Dingen ausgelöst, die einem abseits seines Sitzkissens widerfahren. In Virginias Fall wirkte dazu eine ganze Reihe karmischer Umstände zusammen. Zunächst einmal konnte Theo nicht mit ihr kommen, weil er unbedingt einen Erscheinungstermin seiner Zeitschrift einhalten und darum im Geschäft bleiben mußte, so daß Virginia allein losfuhr. Es war das erste Mal, daß sie ohne ihn an einer Einkehrzeit teilnahm. Sie fühlte sich etwas hin- und hergerissen, aber sie hatte sich so darauf gefreut, wieder einmal alles vergessen und „einfach sitzen" zu können, daß sie Theo für sein gutes Zureden beim Abschiedskuß dankbar war. Im übrigen war im Wetterbericht davor gewarnt worden, es könne im weiteren Verlauf des Wochenendes zu Glatteis auf den Straßen kommen.

Virginia wollte an nichts Unangenehmes denken, wandte ihre Aufmerksamkeit ihrem neuen Cherokee-Jeep zu und fühlte sich unverzüglich in eine bessere Stimmung versetzt. Der glänzende schwarze Jeep war nagelneu. Sie hatte ihn monatelang jeden Morgen auf ihrem Weg zur Arbeit im Ausstellungsraum gesehen und den Wunsch verspürt, für ihn ihr sportliches Chrysler-Kabrio in Zahlung zu geben. Nur wie sollte sie den Mut finden, Theo dieses Vorhaben beizubringen? Wie sollte sie das anpacken? Sie könnte an den praktischen Zug ihres Mannes appellieren und ihm erklären, sie brauche einen Allradantrieb, um im Winter die Steigung zu ihrem Haus zu schaffen. Als entschiedener Umweltschützer war Theo dagegen, ein Auto zu besitzen, wenn man in der Stadt lebte. Er ließ sich auch im Winter nicht von den Wetterbedingungen beeindrucken und genoß es, sein Mountainbike auf den Fahrradträger des öffentlichen Busses zu laden, dann damit in der Stadt herumzufahren und sich die Sorgen zu ersparen, wie er einen Parkplatz finden könnte. Außerdem „bleibt dabei auch die Luft sauber".

Sie hatte sechs Wochen dazu gebraucht, Theo vom Vorteil des Jeeps zu überzeugen, und schließlich hatte er mitgemacht. Doch sie hatte es nicht geschafft, ihn davon zu überzeugen, daß der voll ausgestattete Jeep um 30000 Dollar ein Schnäppchen sei, noch wagte sie es, ihn obendrein dazu zu überreden, ein Autotelefon einbauen zu lassen. Theo zog hier einen klaren Strich und sagte, sie solle sich mit ihrem Mobiltelefon begnügen. Virginia war von so frohen Gedanken über ihr neues Auto erfüllt, daß ihr die drei Stunden wie im Flug vergingen, bis sie die Zufahrt zum Einkehrzentrum auf einem Berg erreichte. Daß ein Eisregen eingesetzt hatte, war ihr gar nicht besonders aufgefallen.

Der Regen hielt das ganze Wochenende an, und die Temperatur fiel rasch. Doch Virginia war so auf ihr zazen konzentriert, daß sie, statt an das Wetter zu denken, es mittels der wechselnden Empfindungen, die sie auf der Haut ihrer Hände und ihres Gesichts verspürte, erfuhr. Sie saß gut eingepackt in ihre Thermo-Unterwäsche und einen zusätzlichen Pullover und war vollkommen zufrieden. Die Einkehr erbrachte ihr keine aufregenden Einsichten, aber es blieben auch die üblichen wilden Gedanken, Schuldgefühle, Erinnerungen und Projektionen aus. Als schließlich die Schlußglocke der letzten Meditationsrunde erklang, konnte sie sich sagen, daß sie alles in allem eine sehr zum inneren Frieden stimmende Erfahrung gemacht hatte.

Virginias Lehrer ermahnte in seinen Abschiedsworten die Teilnehmer alle, bei der Heimfahrt vorsichtig zu sein. Die Straßen seien glatt, und es sei das beste, sich nur ganz langsam wieder auf das hektische Tempo einzulassen, das sie vor drei Tagen hinter sich gelassen hätten. Virginia packte ihre Sachen in den Jeep, umarmte zum Abschied ihre Freunde und fuhr ganz langsam und vorsichtig die steile Abfahrt hinunter. Als sie die Überlandstraße erreichte, schob sie eine CD in den CD-Player – Mozarts Jupiter-Symphonie – und ordnete sich in die rechte Fahrspur beim langsameren Verkehr ein. Sie war noch ungefähr zehn Meilen von der Stadtgrenze von Portland entfernt, als sie in ihren Rückspiegel schaute und sah, daß ein riesiger Urlaubsbus versuchte, sie zu überholen. Virginia setzte ihren Fuß auf das Bremspedal und verlangsamte die Fahrt, um den Bus vorbeizulassen, als der Jeep plötzlich ins Schleudern kam. Sie nahm den Fuß vom Bremspedal und steuerte gegen das Schleudern an, aber der Busfahrer hatte bereits seine Spur verlassen und fuhr schon neben ihr. Der Jeep geriet ihr völlig außer Kontrolle, drehte sich um 360 Grad und rammte genau in die Flanke des Busses.

Virginia verschwand in der Schleuderbewegung und dann im Aufprall. Alles verstummte, außer der Musik, den hohen, ätherischen Tönen der Violinen. Sie vibrierte mit diesen Saiten. Dann hörte auch das auf, und es gab überhaupt keine Geräusche oder Empfindungen mehr. Einen Augenblick später saß sie in ihrem zertrümmerten Jeep in einem Graben, und Mozarts Jupiter-Symphonie tönte ihr heiter in die Ohren. Sie war noch am Leben, ohne jeden Kratzer. Als sie über den aufgeblasenen Airbag durch die zertrümmerte Frontscheibe schaute, konnte sie den Busfahrer sehen, einen runden, weißhaarigen Mann in marineblauer Uniform, der zu ihr kam. Virginia schaute auf ihre in teuren Handschuhen steckenden Hände hinunter und mußte leise lachen. Sie hatte sich ihr Lebtag gegen diesen Augenblick abgesichert, hatte sich hinter einem Berg wunderschöner Dinge versteckt, in der Hoffnung, der Tod werde sie übersehen. Aber der Tod war die ganze Zeit da gewesen, hatte auf dem Schutzblech ihres glänzenden Jeeps gesessen und ihr jetzt die Chance angeboten, ein neues Leben anzufangen. In dem Zeitraum weniger Sekunden, den der

Busfahrer brauchte, um zu ihr hinzulaufen, wurde Virginia vom Gewicht einer siebenundvierzig Jahre alten Verzweiflung befreit. Sie war frei von der Last ihrer vielen schönen Dinge geworden und fand endlich Platz, um frei durchatmen zu können.

Virginias jähe Einsicht auf der Überlandstraße war weder eine Nahtod- noch eine Bekehrungserfahrung. Es war vielmehr ein plötzliches Annehmen des Lebens, wie es ist. Dabei gab es keine himmlischen Chöre und Engel, sondern nur die Musik aus dem CD-Player ihres Jeeps und einen dicken Busfahrer in marineblauer Uniform. Die Authentizität von Virginias spirituellem Erwachen kam darin zum Ausdruck, auf welch ruhige Weise sie sich anschließend daranmachte, das, was sie daraus gelernt hatte, praktisch umzusetzen. Sie warf nicht von der Minute an, wo sie wieder in der Stadt war, alle ihre Kleider weg und schrieb ihr Haus zum Verkauf aus. Zunächst verlangsamte sie nur ihre Lebensart und gestattete es sich, jeden Augenblick zu genießen, ohne ihn dekorieren oder verschönern zu müssen. Ohne viel Aufhebens reduzierte sie sodann nach und nach alles, von den ausgefallenen Nahrungsmitteln in ihren Schränken, die sie nie aß, bis zum Make-up und den Kleidern, die sie nie trug, und den Zeitschriften, die zu lesen sie nie Zeit fand.

Virginia brauchte ein ganzes Jahr dazu, nach und nach vieles zu ändern, bis sie schließlich ihr Haus verkaufen und in ein kleineres ziehen konnte, sehr zur Zufriedenheit ihres Mannes. Und sie brauchte weitere sechs Monate, um ihren Job aufzugeben, Theos Mitarbeiterin zu werden und eine erweiterte Fassung seiner Zeitschrift über gesunde Ernährung herauszugeben.

Als sie eines Morgens mit dem Fahrrad in die Innenstadt fuhr und den Wind auf ihrem Gesicht spürte, ging Virginia auf, daß sie sich zum ersten Mal seit Jahren darauf freute, zur Arbeit zu gehen. Es war wieder wie damals, als sie als Mädchen in New Jersey auf ihrem blau-weißen Schwinn-Rad zur Schule gefahren war. Alles hatte sich geändert, und doch hatte sich nichts verändert: Sie war einfach ein Kind, das im Rhythmus ihres Atems die Pedale trat.

Dinge, die sich ändern, und Dinge, die sich nicht ändern – das ist das lebendige Paradox, aus dem das Menschsein besteht: leer, heiter, vollkommen und unwandelbar, zugleich echten Schweiß schwitzend, echtes Blut vergießend und echte Tränen weinend. Wie bringen wir unsere nicht zu vereinbarenden Zustände auf einen Nenner? Der Zen-Meister Dogen sagt, wir müssen das Selbst verlieren, um das Selbst zu finden. Der mittelalterliche christliche Mystiker Meister Eckart beschreibt diesen Zustand als „Gott sehen mit dem gleichen Auge, mit dem Gott mich sieht". Man mag es Erleuchtung, Befreiung oder Bewußtseinsveränderung nennen, jedenfalls bedarf es dazu für die Art, wie man die Welt erfährt, einer Wendung um 180 Grad, eines vollständigen Ausfüllens der Kluft zwischen dem Selbst und dem anderen und eines vollkommenen Vertrauens in diesen gegenwärtigen Augenblick.

Zen

Daisetz T. Suzuki
Der Buddha der Liebe
Herzensgüte im Zen-Buddhismus und christlicher Glaube
Mit einer Einführung von Michael Brück
Band 4576

Der Interpret zeigt, wie nahe der buddhistische Begriff
allumfassender Liebe und universalen Mitleidens dem christlichen
Glauben steht.

Daisetz Teitaro Suzuki
Das Zen-Koan — Weg zur Erleuchtung
Mit einem Vorwort von Janwillem van de Wetering
Band 4452

Koans sind Rätsel, die jeder für sich löst. Sie können zeigen, wer wir
wirklich sind. Die klassische Einführung.

Benjamin Radcliff/Amy Radcliff
Zen denken
Ein anderer Weg zur Erleuchtung
Aus dem Amerikanischen von Bernardin Schellenberger
Band 4396

Die alternative Einführung für alle, die Zen von der eigenen
westlichen Erfahrung her verstehen und praktizieren wollen.

Katsuki Sekida
Zen-Training
Das große Buch über Praxis, Methoden, Hintergründe
Band 4184

Wie kann man als westlicher Mensch Zen-Meditation lernen?
„Das erste umfassende Handbuch" (Psychology today).

Hugo M. Enomiya-Lassalle
Zen - Weg zur Erleuchtung
Einführung und Anleitung
Band 4121

Die klassisch gewordene Einführung. Eine unwiderstehliche
Einladung zu einem neuen Leben aus der Kraft der Meditation.

HERDER / SPEKTRUM

Meditation - Reise in den inneren Raum

Lawrence LeShan
Vom Sinn des Meditierens
Schlüssel zu einem erfüllteren Leben
Band 4615

Klar, anschaulich und mit vielen Beispielen zeigt der Therapeut und Meditationsmeister, wie man durch meditieren Gelassenheit und persönliche Stärke entwickelt.

Jon Kabat-Zinn
Im Alltag Ruhe finden
Das umfassende praktische Meditationsprogramm
Band 4533

Eine Fülle von Tips, wie sich alltägliche Situationen in meditative Übungen umwandeln lassen und wie man neue Kraft aus eigener Stärke gewinnt.

Eckart Kroneberg
Buddha in der City
Achtsam leben im Alltag
Band 4531

Buddha und der aufgebrachte Hauswart - Buddhismus als Lebensstil, in Langzeiterfahrung erprobt.

Ngakpa Chögyam
Reise in den inneren Raum
Einführung in die tibetische Meditationspraxis
Mit zahlreichen Abbildungen
Band 4516

Den eigenen Weg erkunden und aufmerksam beschreiten. Ein anschauliches Begleit- und Übungsbuch zur Meditationspraxis.

Amadeo Solé-Leris
Die Meditation, die der Buddha selber lehrte
Wie man Ruhe und Klarblick gewinnen kann
Band 4316

Der bedeutende westliche Meister erschließt in diesem praktischen Handbuch dem Meditationsanfänger die älteste Überlieferung buddhistischer Meditation.

HERDER / SPEKTRUM

Thich Nhat Hanh
Nenne mich bei meinem wahren Namen
Meditative Texte und Gedichte
Band 4579

Mehr als 100 meditative und poetische Texte des vietnamesischen
Zen-Meisters Thich Nhat Hanh. Das Zeugnis eines großen Herzens,
ein Dokument tiefer Bewußtheit und Weisheit.

Karlfried Graf Dürckheim
Meditieren - wozu und wie
Band 4158

Geheimnisse erfahren und sich als ganzer Mensch
verwandeln. - Eines der reifsten und praktischsten Werke
Karlfried Graf Dürckheims.

Karlfried Graf Dürckheim
Vom doppelten Ursprung des Menschen
Band 4053

„Menschliche Reife ist kein Privileg für wenige. Praktische
Übungen, die jeder vollziehen kann" (Lehrer und Schule heute).

Karlfried Graf Dürckheim
Das Tor zum Geheimen öffnen
Ausgewählt und eingeleitet von Gerhard Wehr
Band 4027

Die Kerngedanken eines Meisters der Meditation, der die Weisheits-
lehren des Ostens und des Westens schöpferisch vereint hat.

Karlfried Graf Dürckheim
Mein Weg zur Mitte
Gespräche mit Alphonse Goettmann
Band 4014

Neue Wege zur meditativen Selbstfindung, die für den modernen
Menschen gangbar sind.

HERDER / SPEKTRUM

Bewußt leben

Gelassenwerden
Herausgegeben von Rudolf Walter
Band 5016

Die innere Gelassenheit wächst, wenn man ihr Raum gibt, wenn es gelingt, loszulassen, Vertrauen zu gewinnen, das Ganze zu sehen.

Marco Aldinger
„Was ist die ewige Wahrheit?" „Geh weiter!"
Zen-Geschichten vom Festhalten und Loslassen
Band 5011

Die heitere Gelassenheit, für die die Meister des Zen bekannt sind, wird in diesen östlichen Weisheitstexten nachvollziehbar und lebendig.

Laß dir Zeit
Entdeckungen durch Langsamkeit und Ruhe
Band 5006
Hrsg. von Rudolf Walter

Die Autoren inspirieren dazu, sich wieder Zeit zu nehmen für das Leben: für Liebe und Zärtlichkeit, Trauer ebenso wie für Freude und Genuß.

Kakuzo Okakura/Soshitsu Sen
Ritual der Stille
Die Tee-Zeremonie
Band 5000

Das Buch vermittelt inspirierende östliche Weisheit, Stille und Klarheit. Tee-Zeremonie als Lebens-Kunst.

Alan Watts
Leben ist jetzt
Der östliche Weg der Befreiung und die Verwandlung des Selbst
Band 4622

Die tiefe Erfahrung östlicher Religionen: wer sich mit dieser Denkweise vertraut macht, wird eine tiefere Heiterkeit auch in sich selbst entdecken.

HERDER / SPEKTRUM

Thich Nhat Hanh
Die Sonne, mein Herz
Wie Glück entsteht
Band 4520

Wer achtsam ist auf die Gegenwart des Lebens in uns, kommt mit dem wahren Glück in Berührung.

Hans-Harald Niemeyer
Yoga erleben - Gelassenheit im Alltag finden
Band 4518

Wie Yoga auf den ganzen Menschen wirkt, zeigt der erfahrene Lehrer in diesem Begleitbuch für Übende und Neugierige.

Henry D. Thoreau
Leben aus den Wurzeln
Die Inspiration der Stille als Weg zum Wesentlichen
Hrsg. von Susanne Schaup
Band 4507

Einfach leben, achtsam sein - das war sein Weg. Weisheitstexte, die die wahren Werte des Lebens ins Zentrum stellen.

Thich Nhat Hanh
Zeiten der Achtsamkeit
Mit einer Einleitung hrsg. von Judith Bossert und Adelheid Meutes-Wilsing
Band 4492

In der Übung der Achtsamkeit liegt der Weg zum Wesentlichen. Die schönsten Texte des bedeutenden Meditationsmeisters.

Dalai Lama
Der Friede beginnt in dir
Wie innere Haltung nach außen wirkt
Band 4451

Die moderne Auslegung der wichtigsten Lehren über den Weg zu innerem und äußerem Frieden. Einer der schönsten Texte des Buddhismus.

HERDER / SPEKTRUM

David Steindl-Rast
Staunen und Dankbarkeit
Der Weg zum spirituellen Erwachen
Hrsg. von Werner Binder
Band 4424
Erfahrungen, die zu sich selbst und zur Mitwelt eine neue
Wahrnehmung und Haltung wachsen lassen.

Thich Nhat Hanh
Lächle deinem eigenen Herzen zu
Wege zu einem achtsamen Leben
Hrsg. von J. Bossert/A. Meutes-Wilsing
Band 4370
Die einfache, tiefe Botschaft an Menschen, die in der Hektik des
Alltags beim Gehen schon ans Rennen denken.

Geshe Rabten
**Das Buch vom heilsamen Leben, vom Tod und der
Wiedergeburt**
Der Befreiungsweg im tibetischen Buddhismus
Vorwort Dalai Lama
Band 4335
Der Berater des Dalai Lama erschließt dem westlichen Leser eine
durch Jahrtausende erprobte Art, mit dem Tod umzugehen.

Tenzin Choedrak
Ganzheitlich leben und heilen
Der Leibarzt des Dalai Lama über Vorbeugung und Therapie
von Krankheiten
Mit einer Einführung herausgegeben von Egbert Asshauer
Band 4263
Die sanfte tibetische Heilkunde.

Dalai Lama
Sehnsucht nach dem Wesentlichen
Die Gespräche in Bodhgaya
Band 4229
Neue Impulse für ein spirituelles Leben.

HERDER / SPEKTRUM